마거릿 생어의
여성과 새로운 인류

마거릿 생어의
여성과 새로운 인류

1920
초판 완역본

피임할 권리와 여성 해방의 시작

마거릿 생어 · 김용준 옮김

MARGARET
SANGER

WOMAN and
THE NEW RACE

동아시아

1920년 뉴욕,
열한 명의 아이를 낳은 내 어머니에게 이 책을 바칩니다.

- Margaret Sanger

생명체로서의 인간의 출산은 자연의 일부이지만 사회적 존재로서의 출산은 전혀 다른 의미를 갖는다. 문명사의 비극은 가부장제가 전자와 후자를 대립적 관계로 만들고 여성의 몸을 남성 공동체의 소유로 삼아 여성에 대한 폭력과 죽임, 시민권 상실을 제도화했다는 사실이다.

출산 담론은 간학제와 다학제를 넘어선, 모든 지식의 전제다. 이 책은 생명과 삶life, 우리의 일상everyday life을 이해하기 위한 입문서다. 이 책을 읽지 않고서는 인생을 논할 수 없다. 좀 더 소박하게 말하면 저출산, 연애, 친밀감, 가족을 말할 수 없다.

30년 전 처음 마거릿 생어를 읽었을 때도 지금도, 나는 인류 역사상 그가 가장 위대한 사상가라고 생각한다. 그를 통해 여성은 자기 경험을 해석할 언어를 얻을 것이요, 남성에게 이보다 더 중요한 공부는 없을 것이라 단언한다. 정보와 관점을 두루 갖춘, 놀랍도록 '흥미로운' 역사서로서도 손색이 없다.

정희진(여성학 박사, 이화여대 정책과학대학원 초빙교수)

　새로운 세상은 언제 오는가? 이전 세상의 거주자들에게 새로운 삶의 조건이 주어질 때다. 인간 세상의 절반은 여성이다. 이들의 생물학적 조건, 즉 자녀 출산에 변화가 일어나지 않는다면 우리는 여전히 옛 세상에 살고 있는 것이다. 재생산을 여성이 결정할 수 있는 세상을 생어는 바랐다. 그것은 흔한 '낙태 찬반'이나 '태아 생명권 대 여성 신체 자기결정권'과는 다른 논의로, 애초에 임신 결정 자체를 여성이 할 수 있는 세상을 추구한 것이다.

　그렇다면 우리는 여전히 구습 속에 살고 있다. 구습이라고 바꾸자는 것이 아니다. 구습이 구성원 모두를 생물학적 이유로 차별 대우하고 있으므로 변혁해야 한다. 여성은 임신의 의무를, 남성은 보호의(또는 노동의, 군역의) 의무를 질 것을, 양자에게 그 생물학적 특징, 소위 여성성과 남성성으로 서열을 부여할 것을 구습은 정당화하고 있다. 명백한 불의를 타파하자고 주장한 생어의 책은 여성만을 위한 것이 아니다. 여성과 남성 모두의 새로운 세상을 위해, 그가 100년 전에 했던 주장은 지금, 다시, 면밀히, 정확히 읽혀야 한다.

김준혁(의료윤리학자, 연세대학교 치과대학 치의학교육학교실 교수)

서문

　현대의 여성 운동은 노동 운동과 마찬가지로 18세기에 시작되었다고 할 수 있다. 노동 운동은 인구 과잉, 무한 경쟁, 사회적 빈곤과 무질서를 낳은 산업혁명 때문에 시작되었다. 초기에는 전체적인 인권 신장 및 인간의 자유와 평등을 확장하는 프랑스 혁명의 부산물 정도로 경시되는 경향이 있었다.

　알려진 바와 같이 프랑스 혁명 이후 여성 운동과 노동 운동은 각기 위대하게 그리고 열정적으로 발전해 왔지만, 완성되기까지는 아직 갈 길이 멀다. 이 운동들은 각자의 노선에 따라 독립적으로 나아갔으며 서로를 적대시한 적도 있었다. 하지만 이제 그런 시기는 지났다. 최근 몇 년 동안 두 운동은 적대적이지 않은 것은 물론, 같은 목적을 위해 조화롭게 협력할 수 있다는 것을 보여주었다.

아직 내디뎌야 할 마지막 걸음이 남아 있다. 노동 운동은 그 방식과 조직화 측면에서 여성 운동에 성공의 비결을 제공할 수 있어야 하며, 여성 운동은 노동의 목적을 달성하지 않고서는 성공 비결을 터득할 수 없다는 점을 알아야 한다. 여성은 모성이라는 미덕 때문에 출산율을 조절하고 인류 생산에 크게 기여했다. 가족, 국가, 인류라는 모든 형제애의 근본적인 문제에서 찾은 해결책은 인간 생산을 의도적으로 제한하고 규제하는 것이다. 개인의 건강과 수명, 근로자의 경제적 복지, 지역 사회의 전반적인 문화 수준 그리고 세상에서 전쟁이라는 재앙을 사라지게 할 가능성과 같은 거창한 인간의 포부는 기본적으로 인간 생산의 효율적인 제한에 달려 있다. 문제 해결을 위해 인간 생산의 제한이 불가피하다고 단언할 수는 없지만, 해결 가능성을 더 높일 수는 있다. 인간 생산의 제한 없이는 불가능하다는 것이 명백하게 그리고 거듭해서 증명되고 있으니 말이다.

이러한 현실은 소수의 현실주의자들에게 오랫동안 낯선 것이 아니었다. 그러나 세상을 지배하는 사람들은 소수의 현실주의자들이 아니다. 세상을 지배하는 사람들은 대중이며, 이들은 무지하고 감정적이며 변덕스러울 뿐만 아니라 합리적이지도 않다. 소수의 우월한 자들이 세상사를 제대로 처리하든 그렇지 않든, 대중은 이들을 선택한다. 그러나 아무리 어리석은 사람도 세상일이 어떻게 진행되는지는 알 수 있어야 한다. 최근 몇 년 동안 전체적으로 엄청난 규모의 변화가 있었기 때문이다.

그 교훈은 결코 헛된 것이 아니었다. 이는 지식의 폭을 넓히기 위해 노력하는 사람들과, 지식에 기초해 실용적인 행동을 추구하는 사람들에게 새로운 자극을 제공하고 지혜를 넓혀, 선 또는 악을 위해 세상의 힘을 바꾸는 능력이 있는 대중 사이에서 인류를 더 높은 수준으로 끌어올린다.

그렇기 때문에 우리 모두가 인식하고 있는 문제들에 관해 권위 있게 말할 자격이 있는 마거릿 생어의 이 작은 책은 계층을 막론하고 널리 읽혀야 한다. 이 책은 여기저기 세부적인 정보가 실제와 약간 다를 수 있더라도, 몇몇의 사람들에게는 대체로 ABC만큼 친숙하게 여겨질 것이다. 그러나 세상을 지배하는 수많은 사람들에게는 친숙하지 않으며, 대중에 의해 최고의 자리에 올라선 높은 사람에게는 더욱더 낯설게 느껴질 것이다. 그러므로 모두가 이 책을 읽어야 한다. 이 세상 모든 여자와 남자가 읽어야 한다. 가능한 한 빨리 읽고 행동에 옮길 때, 그만큼 세상은 더 나아질 것이다.

1920년 초판본 서문, 헨리 해블록 엘리스.

차 례

1장

여성의 잘못과
여성이 갚아야 할 빚

현대 사회에서 가장 광범위하게 발전한 분야는 성적 구속에 대항하는 여성의 저항이다. 세상을 재건하는 가장 중추적인 힘은 자유로운 모성이다. 이와 달리 현대의 정치인들은 국제적인 프로그램을 공들여 만들었지만, 이 프로그램은 미약하고 너무 피상적이다. 외교관은 국가 간의 연맹을 결성하고, 국가는 연맹을 유지하기 위해 최선을 다하겠노라 맹세하는가 하면, 정치인은 동맹과 주도권 및 영향력 측면에서 세계를 재편하려고 꿈꾼다. 하지만 여성은 폭발적으로 인구를 계속 증대시키면서 이들의 맹세를 케케묵은 속담으로 전락시킨다. 그렇지 않으면 여성은 출산을 제한함으로써 모성을 자발적이고 지적인 능력으로 끌어올리며 세상을 재편할 것이다. 여성이 이처럼 세상을 새로 만들 때 이곳은 정치가, 개혁가, 혁명가의 꿈보다 훨씬 더 나은 세상이 될 것이다.

가족 중에서 더욱 온화하고 약한 절반이라고 여겨졌던 여성의 입지에 대해 최근에 와서야 의구심을 갖는 경향이 두드러졌다. 과거에 남성은 온화하고 약한 여성의 위치를 당연하다고 생각했고, 여성도 이를 기정사실로 받아들였다. 여성이 계속 그와 같은 절반을 차지해야 하는지에 대해 문제가 있다고 생각하는 사람은 거의 없었다.

표면상으로, 여성의 조직적 항변에는 자신의 위치에서 근본적인 변화를 이루고자 하는 의지가 없어 보였다. 여성은 참정권과 여성 노동 시간의 법적 규제를 주장했으며 재산권을 남성과 동일하게 제공해 달라고 요구했다. 그러나 이 요구 중 어떤 것도 여성 존재의 가장 중요한 요소에 직접적인 영향을 미치지 못했다. 요구하는 바를 쟁취하는 데 성공했든 실패했든, 여성은 남성 중심의 사회에서 계속 약자로 남아 있었다.

여성이 열등한 지위를 무의식적으로 받아들였기 때문에 더욱 현실적인 문제가 되었다. 여자들은 본능적인 모성으로 말미암아 사회와 가족에서 자신의 위치를 스스로 옭아매었다. 자신의 운명을 남자 중심의 사회에서 아이를 낳는 존재로 스스로 옭아매면서 여자들을 가둔 사슬은 더욱 강력해졌다. 자신의 역할을 '더욱 약하고 온화한 절반'으로 받아들였다는 것은 본능적인 모성의 기능을 인정했다는 뜻이다. 결국 이 기능을 수용하면서 열등한 여성의 위치는 더 견고해졌다.

'악순환'에 빠진 여성은 번식 능력을 통해 독재국가의 설립과 존속을 가능케 했다. 군주제, 과두제, 공화제 아니면 폭정이든, 이 존재의 필연적인 요인은 언제나 그렇듯 바로 인간이라는 종족이다. 현재는 그 수가 너무 많아서 인간 개개인의 가치가 떨어질 지경이며, 가치가 떨어지다 못해 무지가 타고난 운명처럼 되어버렸다. 계몽되지 못한 종속적인 모성을 기반으로 삼아 생겨난 비극이다. 무지한 모성 덕분에 무지한 족속이 활개를 치고 있는 실정이다.

너무나 방대해서 자연적 본성을 훨씬 뛰어넘는 번식의 힘이 아니었다면 그 어떤 군주도 다른 나라를 정복하다 죽지 않았을 것이고, 어떤 강대국도 영토를 넓히려고 잔혹한 전쟁을 일삼지 않았을 것이다.

이와 마찬가지로 번식이라는 근본 원인이 아니었다면 노동자들이 저임금이나 실업의 고통을 겪지도 않았을 것이고, 죄수 노역이나 아동 노동도 존재하지 않았을 것이다. 어머니들의 다산이 아니었다면 '신의 행위'라는 미명하에 포장된 기근이나 전염병도 없었을 것이다. 학식이 있는 자라면 누구나 알겠지만 인구 과잉의 근원도 바로 이것이다. 인구 과잉의 창시자인 여자들은 매번 새로운 공포에 몸부림치면서도 다산의 과업을 또다시 수행하며, 다음 세기의 비극을 창출한다.

여성은 자신도 모르게 폭정의 토대를 세우고 인종적 대화재에 인간이라는 불쏘시개를 제공하면서, 본의 아니게 빈민가를 만들고 정신 병원을 미치광이로 채울 뿐만 아니라, 공공시설마저 문제 있는 사람들로 가득 채운다. 매춘부 계층을 존속시키고 형사 재판소를 분주하게 만들고 교도소에 수감자를 공급한다. 여성이 의도적으로 인간의 참담한 고통과 불행을 실현할 계획을 세웠다면 이보다 더 성공적일 수는 없을 것이다.

비참한 과업을 수용하게 한 여성의 수동성은 무지와 체념에서 비롯된 것으로 보인다. 실제로 여성은 번식에 대해 잘 알지 못했고 과도한 출산의 결과에 대해서는 더욱더 몰랐다. 여성 대부분이 자기 본성의 내적 충동에 순응했지만, 사실 저항을 한 여성들도 더러 있었다. 심지어 이들의 현실은 극심한 영아살해와 낙태로 치닫기도 했다. 대부분의 저항은 대중에게 호응을 얻지 못했다. 그래서 이 여성들은 다수가 아닌 개인으로 싸워야만 했다. 하지만 결국 다시 다수의 여성에 편입되어 희망 없고 맹목적인 복종 상태로 돌아왔다. 그리고 원하지 않는 수많은 아이들을 엄청나게 빠른 속도로 출산했으며, 아이들은 문명의 파괴자이자 걸림돌이 되었다.

그러나 오늘날의 여성은 근본적인 저항을 도모하고 있다. 차차 알게 되겠지만, 그저 개혁에 대한 노력조차 저항을 향해 나아가고 있다. 이 하나하나의 노력에는 자유를 완성하려는 여성의 욕구가 내재되어 있다. 수백만 명의 여성이 자발적인 모성에 대한 권리를 주장하고 있다. 이들은 어떤 상황에서 그리고 언제 어머니가 될 것인지를 스스로 결정하기로 했다. 이것이 앞서 언급한 근본적인 저항이다. 여성에게 이 저항은 자유의 문을 여는 열쇠다.

산아제한은 여성이 기본적인 자유를 획득할 수 있는 수단이지만, 복종을 통해 겪은 악을 뿌리째 뽑아버리는 방법이기도 하다. 여성은 무지로 인해 자신도 모르게 사회적 재앙을 초래했기 때문에 자발적으로 현명하게 이 재앙을 원 상태로 돌리고 새롭고 더 나은 질서를 만들어야 한다.

이것은 여성이 해야 할 일이다. 변명하며 회피하거나 다른 이에게 떠맡길 수 없다. 남자들의 자명한 지배를 지적하는 것만으로는 충분하지 않다. 통치자들과 노동 착취자들의 죄를 주장하는 것도 별 소용이 없다. 산업 체계를 구성하거나 본능적으로 사회 정의를 추구하지 않는다면 달라질 것이 없다. 여성의 복종에는 과오와 책임이 있다. 여성은 우리 사회에 악행을 저지른 많은 아이들을 막지 못한 탓에 불가피하게 사회에

빛을 지게 되었다. 잘못한 것이 없다고 해도 그리고 기회가 없고 다른 것을 고려할 상황이 아니었다고 해도, 사회에 진 빚을 갚아야 한다.

여성은 이 빚을 가볍게 생각해서는 안 된다. 아동 노동법, 금주법, 매춘 규제 및 전쟁 반대 운동으로는 빚을 청산할 수 없다. 정치권의 엉터리 대책과 사회적 만병통치약은 부가적인 수준에 그칠 뿐이며, 눈 가리고 아옹 하는 격이다. 이 처방으로는 절대 사회적 질병의 근원을 해결하지 못한다.

여성이 자신의 삶을 가치 없게 만들 때 전쟁, 기근, 빈곤 및 노동자에 대한 억압은 계속될 것이다. 출산을 제한하고 인간의 삶이 더 이상 낭비되지 않을 때 비로소 이 억압은 중단될 것이다.

이 위대한 의무의 이행을 가로막는 두 가지 주된 장애물이 있다. 첫째는 다소 영향력이 줄어들긴 했지만 법적 장벽이다. 중세 시대의 법이라면 여성이 자신의 생식 본능에 대해 아는 것을 계속 부정할 것이다. 그러나 이와 같은 지식은 현명한 모성에게 없어서는 안 되는 것이다. 불합리한 법령과 이와 유사한 교회의 규율이 있어도 반드시 출산에 대해서는 알아야 한다.

둘째는 좀 더 심각한 장벽으로, 여성은 복종의 정도와 영향에 대해 알지 못한다는 사실이다. 복종이 자신과 자손에게, 더 나아가 세상에 미치는 사악함을 알아야 비로소 그 악을 제거할 수 있다.

이 장애물들을 제거할 때 현대 사회에서 굳게 자리 잡고 있는 보수 세력의 공격을 불러오게 될 것이다. 여성의 삶 내내 전쟁이 있을 수도 있다. 그럼에도 불구하고 어떠한 희생을 치르더라도 무지에서 벗어나 책임을 져야 한다.

여성은 스스로 깨닫고 무지의 결과에 대해 알아야만 이를 극복할 수 있다. 첫 단계가 산아제한이다. 산아제한을 통해 여성은 자발적인 모성에 도달할 수 있다. 여기에 도달할 때 기본적인 성적 자유를 찾을 수 있고 자신과 인류의 노예화가 중단될 것이다. 그러고 나서 내재된 본능을 이해함으로써 세상을 끊임없이 치유해 나갈 수 있다. 이를 통해 여성은 세상을 재편하게 될 것이다.

2 장

자유를 향한 투쟁

본질이 어떻든 간에 모든 관습, 모든 사회적 불안과 운동, 그리고 모든 혁명의 이면에는 위대한 추진력이 바탕이 된다. 상황에 따른 이 추진력의 작용과 반작용으로 말미암아 문명에 고유한 특성이 생겨난다. 어떤 관습이나 운동이나 혁명의 근원을 찾고자 할 때 표면적인 상태만 살펴보고 그만둔다면, 근본적인 진리의 피상적인 측면만 파악하는 데 그치고 말 것이다.

　　특히 역사가는 이러한 오류에 빠지기 쉽다. 사회학자들 역시 이 오류에서 헤어나지 못한다. 예를 들어, 오늘날에는 모든 사회 불안을 경제 상황에 비추어 해석하려는 경향이 있다. 한편으로 남자들이 서로에 대한 부당함을 깨닫게 하는 데 일조했다는 의미가 있지만, 이는 저항을 불러일으키는 인간의 내재된 힘을 배척한다. 본질적인 요인은 힘에 반응하여 생기는 상황이 아니라, 그 힘 자체다. 상황은 바뀌기 마련이다. 이때 상황을 움직이는 힘은 계속해서 작동한다.

속박에서 벗어나려는 여성의 투쟁 역시 마찬가지다. 이 세상 모든 여성은 연령대를 막론하고 본능적으로 가족 수 제한을 원한다. 이러한 바람은 언제나 경제적인 압박을 받았다. 압박은 부단히 존재했지만 자유를 향한 여성의 열망을 뒷받침하는 원동력은 더 강해졌다. 이 열망은 부자와 가난한 자, 지성인과 비지성인 사이에서 그 모습을 드러냈다. 이것은 영아살해, 아동 유기와 낙태 같은 공포 속에서 더 뚜렷하게 나타났다.

여성의 본질적인 원동력을 포괄적으로 정의할 수 있는 용어가 바로 페미니즘 정신feminine spirit이다. 이 여성 정신은 모성에서 가장 잘 나타나지만 모성보다 더 위대하다. 여성 그 자체, 지금까지의 여성 자신, 미래 여성의 모습은 내면에 존재하는 정신적인 욕구의 결과물이나 다름없다. 자유롭게 행동할 수 있다고 전제할 때, 여성의 본성을 이루는 이 최고의 법칙은 인류에게 이로운 방식으로 모습을 드러낸다. 하지만 간섭이 지나치면 파괴적인 양상을 띤다. 이 점을 이해해야만 스스로 자유를 찾으려는 페미니즘 정신의 노력을 이해할 수 있다.

여성 내면에 존재하는 힘의 발현이 과다한 출산과 육아로

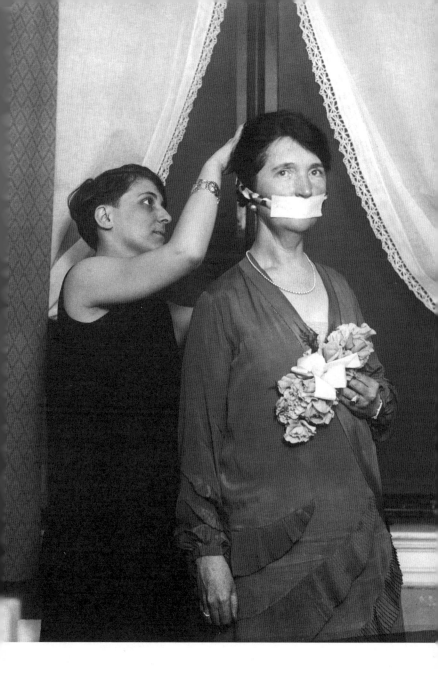

보스턴에서 피임Birth Control에 관해 말하는 것이 허용되지 않는 것에 항의하는 표시로 마거릿 생어가 입을 가리고 있다.

인해 방해받을 때 여성은 저항한다. 그렇기 때문에 여성은 태곳적부터 어떤 형태로든 가족 수 제한을 추구해 왔다. 의식적으로 특별한 수단을 동원하지 않아도 본능적으로 행동을 취했다. 법률, 관습 및 종교적 제약으로 이를 방해받을 때 피임의 힘을 빌렸다. 그렇지 않으면 아동 유기, 낙태, 영아살해 등에 의존하거나 강요된 모성에 무기력하게 자신을 내맡기고 체념하고 만다.

여성 고유의 번식력이라는 사슬에서 벗어나기 위해 파괴적인 수단을 감행한 사례는 경제 상황이 그 어느 때보다 양육에 많은 부담을 준 시기에 가장 극명하게 나타난다. 그러나 아테네의 호화 주택에서든, 그리고 중국의 빈곤자 주거지나 호주 원시 야만 종족의 허름한 오두막에서든, 여성은 아이를 출산하고 양육하느라 자기 발전의 기회를 박탈당한다. 이들은 필사적으로, 때로는 미친 듯이 자유를 찾기 위한 시도를 했지만 번번이 수포로 돌아갔다.

남자들은 개인일 경우에는 때때로 이러한 폭력적인 수단들을 묵인했지만, 집단인 경우에는 여기에 반대했다. 법, 종교적 규범, 여론, 배척에서 참수에 이르기까지 온갖 수단을 동원해 여성의 노력을 짓누르려고 했다. 하지만 지옥에 갈 것이라는 위협도 신체적 형벌도 소용이 없었다. 여자들은 대담하게 교회와 국가의 힘을 기만했고, 이에 저항하며 순순히 따르기를 거부했다. 조용하지만 필사적으로 그리고 의식적으로 여자들은 페미니즘 정신이 갈구하는 자유를 얻기 위해 죽음이 예견된 문으로 행진했다.

미개 사회에서나 문명 사회에서나 여성에게는 자유에 대한 본능적인 욕구가 있으며, 이 욕구가 성공했든 아니든 여성은 가족의 수를 줄이려는 노력을 한층 더 발전시켜 왔다. 웨스터마크[1]는 자신의 기념비적인 저서 『도덕 사상의 기원과 발전 The Origin and Development of the Moral Idea』에서 "야만인 사회와 반 문명화된 종족뿐만 아니라 문명화된 종족에서도 영아살해 관행이 만연해 있다"라고 말한다.

영아살해는 야만인 어머니 사이에서 가족 수를 제한하는 수단으로 주로 사용되었지만, 이 관행은 부족을 위한 수단으로 낙태와 함께 빈번하게 행해졌다. 맥레넌[2]은 『고대사 연구 Studies in Ancient History』에서 "영아살해는 과거 뉴질랜드의 미개한 종족들 사이에서 매우 흔한 일이었으며, 주로 어머니가 직접 실행했다"라고 말했다. 그는 낙태가 빈번하게 행해진 점을 제외하면 호주 원주민들의 상황도 별반 다르지 않았다고 말한다.

1 에드워드 웨스터마크Edvard Alexander Westermarck ; 1862-1939
2 존 퍼거슨 맥레넌John Ferguson McLennan ; 1827-1881

수많은 북미 인디언 부족들 사이에서도 영아살해와 낙태는 흔하게 나타났으며, 중앙아메리카의 인디언들에게서 "낙태와 관련해 극단적인 방식까지 동원했다"라는 사실을 발견했다.

또한 맥레넌에 의하면, 한 여행자가 남아메리카의 어느 인디언 부족의 영아살해 관행에 대해 비난하자 "남자는 여자의 일에 간섭하지 않는다"라는 핀잔을 들었다고 한다. 그는 서반구의 인도인들 사이에서 이 낙태 관행이 널리 퍼져 있었으며, "이는 영아살해 관습에 영향을 미쳤을 것"이라는 견해를 조심스럽게 밝혔다.

역사학자들이 야만 부족의 삶을 깊숙이 파헤칠수록 이와 유사한 관행이 만연해 있었다는 것이 밝혀졌다. 영아살해는 적어도 아프리카, 일본, 인도, 서유럽의 원시 민족, 중국의 부족에서 행해졌고, 초기 그리스와 로마에서도 성행했다. 고대 히브리인들은 이 관습에서 예외 사례로 언급되는데, 현재 우리가 알고 있는 것처럼 모세율법에서 이 주제에 대해 언급하지 않기 때문으로 보인다. 웨스터마크는 다음과 같이 주장한다.

영아살해는 역사시대에 히브리인들 사이에서 거의 발생하지 않았다. 그러나 일찍이 셈족의 다른 지파 중에 유아살해가 희생 의식으로 자주 행해졌다는 믿을 만한 이유가 있다. 살인 방식을 직접 사용하든 궁핍과 방치에 노출시키든, 여성의 영아살해는 오랫동안 여러 힌두교 카스트들 사이에서 일반적인 관행이거나 심지어 신성한 관행이기까지 했다.

인도의 한 영국인 학생의 '관행을 통한 여성의 지위 개선과 이 관행의 실질적인 원천에 대한 연구'가 많은 관심을 받고 있다. 1852년 왕립아시아학회 저널에서 마드라스 군대의 찰스 맥퍼슨[3] 대위는 이렇게 말한다.

오리사주의 콘드족 사이에서 영아살해에 대한 관습이 형성되어 있었다는 사실을 아주 짧게나마 설명할 수 있다. 콘드족 사이에서 여성의 영향력과 특권은 엄청나게 컸으며, 나는 영아살해가 여러 부족 중에서도 이 부족에서 가장 성행하고 있다고 생각한다. 콘드족 여성의 의견은 모든 공적인 일과 사적인 일에서 큰 비중을 차지하며, 공적 업무에 이들의 직접적인 참여는 필수적인 것으로 여겨진다.

만일 영아살해가 모성보다 강한 여성에게 내재된 욕망에서 비롯된 것이 아니라면, 왜 여성이 남성과 동등한 영향력을 누리는 곳에서 더 만연되어 있을까? 그리고 이러한 영향력을

---

3   찰스 맥퍼슨 도벨Charles Macpherson Dobell ; 1869-1954

가진 문제의 여성들을 보면 이 관행의 이면에 어떤 명백한 동기가 숨겨져 있는 것은 아닐까?

영아살해 관습은 미개 사회에서 문명 사회로 발전해도 사라지지 않았다. 오히려 그리스나 로마에서처럼 사고와 행동의 정신적 지주인 지도자들마저도 옹호하고 인정하는 관행이 되었다. 낙태도 마찬가지다. 어떤 정부는 낙태를 영아살해에서 발전된 형태로 여기고, 원치 않는 아이들을 없애기 위한 수단으로 영아살해를 대체하는 경향이 있다.

실제로 문명이 진보해도 영아살해는 증가했다. 웨스터마크는 이러한 경향에 주목했으며, 피슨[4]과 호윗[5]의 『카밀라로이와 쿠르나이Kamilaroi and Kurnai』의 결론에도 관심을 갖고 다음과 같이 말하면서 주의를 환기시킨다.

미개한 부족 사회에서 오랜 기간 생활한 피슨 씨는 '영아살해는 미개한 야만인들보다 문명화된 부족 사이에서 훨씬 더 만연해 있다는 사실이 밝혀질 것'이라고 말했다.

문명국가들의 이와 같은 성향에 의해 영아살해는 그리스

4   로리머 피슨Lorimer Fison ; 1832-1907
5   알프레드 윌리엄 호윗Alfred William Howitt ; 1830-1908

나 로마에서처럼 철학자와 법에 따라 옹호되거나 허용되었을 뿐 아니라 법과 시민, 기독교가 있는 국가들에서도 널리 행해졌다. 웨스터마크는 그리스에서 확립되고 합법화된 관습인 이 영아살해의 실상에 대해 다음과 같이 말한다.

기형이거나 병든 아이를 유기하는 것은 의심할 여지 없이 고대 그리스의 관습이었다. 이 관행은 적어도 스파르타에서는 법으로 제정되었다. 또한 그리스에서 의식이 가장 깨어 있다는 철학자들도 이 법을 인정했다. 플라톤은 사지가 불완전하게 태어난 아이들뿐만 아니라 타락한 집안에서 태어난 아이들에게도 이 법을 적용했다.

국가가 부부의 자녀 수를 정해주어야 한다고 생각한 아리스토텔레스[6]는 『정치학Politics』제7권 5장에서 다음과 같이 말한다.

아이들을 유기하거나 양육하는 것과 관련하여 불구가 아닌 아이만 양육해야 하는 법이 있어야 한다. 그리고 너무 많은 아이를 낳는 것을 방지하기 위해 아이들을 그대로 방치하는 것을 국가에서 법으로 금해야 한다. 그렇지 않은 경우에는 한 남자가 몇 명의 아이를 가질 수 있는지

6   아리스토텔레스Aristotle ; BC 367–BC 347

를 규정하는 것이 반드시 필요하다. 또한 아이가 규정된 수보다 더 많으면, 감각과 생명을 갖기 전에 어머니 자궁에 있는 태아를 없애는 방법을 사용해야 한다.

아리스토텔레스는 폭력적인 수단을 동원하더라도 의도적으로 가족의 수를 제한해야 한다고 주장했다. 그는 "빈곤과 이로 인한 어려움, 선동, 그 밖의 폐해를 방지하려면 시민의 증가가 일정 범위를 넘지 않도록 유의해야 한다"라고 말했다.

아테네에서 시민 남성의 아내들은 집에만 있어야 한다는 법적 구속에서 벗어날 수 없었던 반면, 엄청나게 많은 헤타이라(고급 매춘부)나 이방인 여성들은 '황금시대'의 영화를 누렸다. 많은 자녀에 대한 부담에서 자유로웠던 이 여성들의 안식처는 철학자, 시인, 조각가와 정치가가 모이는 장소였다. 헤타이라는 이들의 벗이자 영감을 주는 존재인 동시에 선생님이었다. 고대 그리스에서 가장 위대한 여성 중 한 명인 아스파샤 Aspasia도 이처럼 전통에 얽매이지 않은 성향의 소유자였다. 그리스의 레즈비언 시인 사포 Sappho와 같이 여성 본연의 욕구에 충실한 아스파샤는 그리스의 아내들이 자신의 자아를 발견하고 스스로 표출할 수 있도록 독려했다. 한 작가는 아스파샤의 노력을 두고 이렇게 말한다.

마거릿 생어의 여성과 새로운 인류

아스파샤는 자신의 성을 위해 최선을 다하기로 결심했다. 당시 여성들에게 개방된 유일한 문화적 양식이 시였다. 특별한 문학 형식이 없었기 때문에 그녀는 여성들을 체계적으로 교육시켰으며, 가장 지적이고 고매한 교훈과 인간의 가장 깊은 감정을 운문에 담아낼 수 있도록 이끌었다. 전 세계에서 풍요로운 정신을 타고난 젊은 학생들이 아스파샤에게 몰려들었고, 그들이 모여 일종의 여자 대학을 형성했다.

이 젊은 여성들은 낮은 보수를 받는 노동과 여성의 삶을 희생시키는 단조로운 일상에서 벗어나 사포가 생각하는 사회를 추구해야 한다고 생각한 것이 확실하다. 이들은 더 고상하고 더 중요한 분야에서 자신의 능력을 펼치기를 열망했다.

불행하게도 법 때문에 집에 묶여 있어야 했던 아테네의 '시민 남성의 아내들'은 '이방인 여성들'의 화려한 생활을 부러워하고 자유를 향한 수단을 찾기 위해 온갖 노력을 하지 않았을까? 그리고 이들이 자유로워지겠다는 목적을 위한 수단으로 실제 영아살해를 묵인한 것은 의심의 여지가 없지 않을까? 그렇지 않고서야 어떻게 영아를 살해하는 관습이 법학과 사상 그리고 아테네 문명의 정수에 이토록 철저하게 스며들 수 있단 말인가?

아리스토텔레스는 스파르타 여성의 경우 남편을 지배하

고 전 국토의 5분의 2를 소유했다고 말한다. 확실히 이들은 강력한 이유가 있었기 때문에 영아살해를 인정했을 것이다. 만약 그렇지 않았다면 이 관습은 진작 폐지되었을 테니 말이다. 아테네와 스파르타에서는 그리스 여성들이 원치 않는 아이들을 말살하는 가족 수 제한을 용인했을 뿐 아니라, 이들의 동기 중 일부는 적어도 개인적인 자유였다는 것은 잘 알려져 있다.

명백한 군국주의 국가인 로마는 약한 국가를 정복하며 살아갔기 때문에 건강한 아이들만 목숨을 보전할 수 있었다. 몸이 허약하거나 기형인 아이들은 물에 익사시켰다. 로마의 정치가 세네카[7]는 "우리는 건강하지 못한 출산을 퇴치해야 하고, 아이들이 나약하거나 비정상으로 태어나면 익사시켜야 한다"라고 말한다. 그러나 국가가 수많은 노예를 데려온 덕분에 로마의 귀부인들은 노예들을 집으로 데려와서 아이 양육이라는 힘든 일을 상당 부분 덜 수 있었다. 이로 인해 귀부인들은 높은 지위를 얻었으며, 정치 경력을 쌓든 그렇지 않든 정치에서 남편의 조언자가 될 수 있었다.

중국에서 전해 내려오는 영아살해에 대해 이야기를 살펴보면, 영아살해가 크나큰 재생산의 굴레에서 벗어나기 위한

---

7   루키우스 안나이우스 세네카Lucius Annaeus Seneca ; AD 50-AD 65

여성의 본능적인 목적에서 비롯되었음을 말해주는 증거를 찾을 수 있다.

웨스터마크는 "중국에서 극빈층의 여자아이는 주로 가난 때문에 출생 직후 부모에 의해 죽임을 당하는 경우가 흔하다. 교양 있는 중국인들은 이를 못마땅하게 여겼지만, 일반 국민들은 이 관행에 관대하거나 무관심했으며 고관대작들은 이를 묵인했다"라고 말한다. 중국의 선교사였던 두리틀[8] 목사는 『중국인의 사회생활Social Life of the Chinese』에서 이렇게 말한다.

이 주제에 대해 진지하게 문제를 제기하면 모든 사람들이 이성의 명령과 자연의 본능에 반한다고 비난한다. 하지만 대다수의 사람들은 이 문제에 대해 유감을 표하면서도, 특히 극빈한 가족들에게는 영아살해가 필요하다고 목소리를 높인다.

여기서 다시 한번, 이 관습이 널리 퍼졌다는 것은 여성 내부에 영아살해를 실행하게 하는 어떤 커다란 압력이 있었다는 첫 번째이자 가장 좋은 증거다. 만약 더 많은 증거가 필요하다면 중국 산파들이 조기 낙태에 매우 능숙했다는 서양인들의

---

8 유스투스 두리틀Justus Doolittle ; 1824-1880

증언이 이를 뒷받침해 줄 것이다. 낙태는 동의 없이 행해지는 것이 아니고, 언제나 당사자인 여성의 요구가 있을 때만 행해지기 때문이다.

인도와 마찬가지로 오늘날 중국에서도 종교계가 비난받고 있는데, 바로 영아살해 때문이다. 인도와 중국 정부 모두 이 관습을 없애려고 노력했다. 그러나 양 국가에서 모두 사라지지 않았다. 이 동양의 국가들 역시 서구의 국가들과 크게 다르지 않았다.

서유럽의 기록은 오스카 헬무트 베르너[9] 박사의 『독일 문학의 미혼모 The Unmarried Mother in German Literature』에 간략하게 설명되어 있다. 베르너 박사는 이렇게 말한다.

영아살해는 중세 시대부터 18세기 말까지 서유럽에서 가장 흔한 범죄였다. 물론 실제로 미혼 여성보다 기혼 여성 사이에서 훨씬 더 많이 행해졌다. 결혼한 여성의 수가 압도적으로 많았기 때문이다. 교회가 직면한 또 다른 문제는 합법적인 부모에 의해 아이들이 유기되고 살해되는 관행이었다. 법적 부모에 의한 영아살해는 사실상 문명국가에서는 사라졌지만 대체 행위인 낙태는 그렇지 않다.

---

9   오스카 헬무트 베르너Oscar Helmuth Werner ; 1888-1983

원치 않는 아이에 대한 부담에서 벗어나려는 수단을 찾는 여성들에게 유례없이 끔찍한 법적 처벌을 부과했음에도 불구하고, 모성애와 별개로 여성이 얼마나 필사적으로 개인의 자아를 발전시킬 자유를 갈망했는지는 영아살해가 '서유럽에서 가장 흔한 범죄'였다는 사실에서 알 수 있다. 베르너 박사는 독일의 예를 들어 설명한다. 1532년 독일에는 영아살해죄를 지은 사람을 '산 채로 매장하거나 칼로 찔러 죽이는' 법이 있었다. 개울이나 강에 갈 수 있는 경우에는 익사시키기도 했는데, 죄수들이 발버둥 치지 못하게 하려고 미리 빨갛게 달아오른 집게로 살을 갈기갈기 찢기도 했다.

한때 독일에서는 극도의 고통을 주기 위해 독사, 고양이, 개가 들어 있는 자루 속에 죄수를 넣어 죽이는 형벌이 있었다. 한 국왕이 영아살해죄로 사형선고를 내린 여성이 2만 명에 달했지만, 이 관행은 크게 줄지 않았다.

오늘날까지 엄청나게 많은 낙태와 수많은 보육원과 고아원이 있음에도 불구하고, 영아살해는 전 세계에서 아직도 사라지지 않는 범죄다. 이 관행에서 여성이 차지하는 비율에 대해 해블록 엘리스[10]가 저술한 『남자와 여자*Man and Woman*』의 '병적

---

10   헨리 해블록 엘리스Henry Havelock Ellis ;1859-1939

인 심령 현상*Morbid Psychic Phenomena*'에 대한 설명을 인용해 본다.

영아살해는 남성보다 여성의 비율이 훨씬 높은 범죄다. 예를 들어 이탈리아에서 영아살해로 유죄선고를 받은 경우가 남성 100명당 여성 477명이다. 그리고 남자가 이 범죄를 저지를 때는 보통 여자의 요구에 따라 행해진다.

낙태를 시행하는 기술이 발달되거나 피임에 대한 지식이 확산되면서 영아살해가 점차 사라지는 경향이 있다. 뒤에서 다루겠지만, 한 기관은 매년 미국에서 행해지는 낙태 수를 100만 건으로 추정하는 한편, 그 수가 두 배에 달한다고 주장하는 기관도 있었다. 웨스터마크는 말한다.

힌두교도와 이슬람교도 사이에서 인위적인 낙태는 매우 흔한 관습이다. 페르시아에서는 모든 불법 임신이 낙태로 끝이 난다. 터키에서는 부유층과 빈곤층 사이에서, 심지어 기혼 여성들마저도 두 아이를 낳고서 낙태하는 경우가 매우 흔한데, 이 중 하나는 사내아이다.

피임과 관련된 정보 덕분에 여성들은 수술의 힘을 빌리지 않게 되었다. 이렇게 가족 수를 제한할 수 있게 한 일부 나라들을 제외하고 앞서 언급된 국가들은 일반적인 방식을 택했다. 피임하지 않는 한, 낙태와 영아살해의 공포에서 벗어날 수 없다는 것은 분명하다. 로마 가톨릭교회는 초기부터 이러한 관행과 싸워왔지만 이를 저지하지 못했는데, 더 강력한 기관이 있었더라도 막지 못했을 것이다. 심지어 교회가 막강한 권력을 휘둘렀던 시대에도 실패했고 낙태에 대해 전면적으로 비난하게 되기까지 수백 년이 걸렸다. 이 비난의 심각성은 태아의 발육이 방해받는 시기에 따라 결정되었다. 윌리엄 버크 라이언[11] 박사는 『영아살해: 법규, 성행, 그리고 역사*Infanticide; Its Law, Prevalence, Prevention and History*』라는 제목의 권위 있고 철저한 연구에서 교회가 이와 같은 방향으로 노력해 온 역사를 분명하게 밝혔다. 라이언 박사는 다음과 같이 말한다.

로마 교회의 신학자들은 신이 인간을 창조할 때 부여한 영혼으로 생명이 있는 태아와 생명이 없는 태아를 구분하고, 인간에게 생명이 존재하는가의 문제에 대해서는 고대 철학자들, 그중에서도 아리스토텔레스의 사상을 받아들였다. 그러나 교회법은 스토아학파의 교리를 전면 부정했다. 인노첸시오 2세[12]가 '태아는 자궁에 있는 한 이성적인 영혼이

11 윌리엄 버크 라이언William Burke Ryan
12 인노첸시오 2세Pope Innocent II ; papacy 1130-1143

없는 것으로 보이며, 태어날 때 그 영혼을 소유하기 시작하기 때문에 결과적으로 낙태는 살인 행위가 아닌 것으로 보인다'라는 명제를 비난했기 때문이다.

식스토 5세[13]는 어느 시기에나 낙태죄를 엄벌에 처했다. 그러나 그레고리 14세[14] 때는 처벌이 어느 정도 완화되었다. 그래도 여전히 생명이 있는 태아를 낙태시키는 사람들은 엄벌의 대상, 즉 주교에게 맡겨진 파문과 더불어 교황 자신에게 맡겨진 '변칙'의 대상이 되어야 한다고 주장했다.

오늘날 로마 교회는 '직접 의도한 인공 낙태는 부당한 살인으로 간주되어야 한다'라는 명제를 확고히 고수하고 있다. 그러나 대가족으로부터 구제해 달라는 요구 앞에 이 명제를 천명하기까지는 오랜 시간이 걸렸다.

과거에 교회가 낙태에 반대하여 힘든 싸움을 벌였듯이 오늘날 미국에서 행해지는 낙태를 막기 위한 노력도 험난하기는 마찬가지다. 이 관행을 막기 위해 온갖 노력을 했지만 소용이 없다. 불법 낙태 건수가 해마다 증가하고 있으니 말이다. 매년 점점 더 많은 여성이 낙태에 대한 수치심, 위험과 공포를 감수

---

13 식스토 5세Sixtus V ;1521-1590 ; papacy 1585-1590
14 그레고리 14세Pope Gregory XIV ; 1535-1591 ; papacy 1590-1591

하게 될 것이다. 이 위험과 공포 그리고 원시인들의 영아살해로 시작된 이 끔찍한 기록은 사회가 근본적인 치료법을 적용하지 않으면 안 된다는 사실을 깨달을 때까지 인간의 불행과 인류의 피해를 더해가며 계속될 것이다.

이 문제를 해결하기 위해 사회는 무수한 세기 동안 이어온 영아살해와 태아살해에서 배운 무시무시한 교훈을 인식해야 한다. 이런 혐오스러운 관행이 처벌과 억압에 의해 끝날 수 있었다면 이미 오래전에 사라졌을 것이다. 그러나 억압과 처벌을 계속하면서도 그 문제를 그대로 방치한다면, 교훈을 저버리는 것이며 상황을 악화시킬 뿐이다.

그러면 그 교훈이란 무엇일까? 바로 이것, 여성의 자유에 대한 갈망은 페미니즘 정신에서 비롯된다는 것이다. 이는 절대적이고 기본적인 내면의 욕구다. 페미니즘 정신은 여성 본성에서 나오는 가장 강력한 힘으로, 절대 파괴될 수 없다. 그 힘은 자연스럽게 표출되지만 폭력적이고 파괴적인 경로로 바뀔 수 있다.

이 힘을 일상적으로 표출함에 있어 주된 장애물은 원치 않는 임신과 원치 않는 아이들에 대한 부담이다. 항상 그래왔듯이, 앞으로도 상당수의 여성은 이 장애물들을 극복할 것이다. 여성은 자기 내부의 저항할 수 없는 힘에 이끌려 어떤 희생

을 치르더라도 언제나 더 넓은 자유와 더 큰 자기 발전을 추구
할 것이다. 사회가 대답해야 할 유일한 질문은 이것이다. 여성
은 어떤 방식으로 이 목적을 달성하게 될 것인가?

이번 장에서 나온 내용이 섬뜩한가? 당연히 그럴 수 있다.
하지만 이런 사실을 알고도 그 중요성을 제대로 자각하지 못
하면, 사회가 근본적인 치료법을 적용하는 데 도움이 되지 못
할 것이다.

사회는 페미니즘 정신을 다룰 때 명확하게 정의된 대안들
을 선택한다. 여성 본성의 근본적인 충동을 속박하기 위해 계
속해서 폭력에 의지할 수 있고, 여성을 단순한 재생산 도구로
삼고 여성이 저항하면 처벌할 수도 있다. 아니면, 엄마가 될 것
인지 그리고 얼마나 많은 아이를 낳을 것인지를 선택하도록
할 수 있다. 사회는 꺾이지 않는 여성을 계속 짓밟으려 할 수
도 있고, 아니면 자유를 향한 여성의 주장을 인정하고 수많은
파괴적인 장벽을 들이미는 것을 멈출 수도 있다. 후자를 선택
하면 과학적 피임 기구의 사용에 대한 모든 제한을 없애야 할
뿐만 아니라 그 사용을 합법화하고 장려해야 한다.

이 문제는 미국 국민들에게 남다른 호소력이 있을 것이
다. 매년 시행되는 수백만 건의 낙태가 더 많이 늘어나길 원하
는가? 인류의 발전에 그토록 필요한 여성 본성의 소중하고 온

화한 특성이 이렇게 추악하고 비정상적인 경험 속에서 소멸되기를 원하는가? 아니면, 여성이 안전하고 합리적이며 과학적인 수단을 통해 근본적인 자유로 나아갈 길을 찾을 수 있도록 돕기를 원하는가? 우리의 선택에 달려 있다. 이 질문들에 대한 우리의 대답은 미래의 미국 국민이 갖추게 될 특성과 능력에 달려 있다.

3 장

새로운 인류의 자질

우리에게는 미국인의 미래상에 대한 각자의 이상이 있다. 미국에 수많은 민족이 살고 있으며, 각 민족의 사상과 열망이 뒤섞여 지금까지보다 훨씬 더 위대한 인류가 미국에 등장할 것이라는 말을 우리는 수도 없이 들어왔다. 거의 모든 미국인이 갖고 있는 이 기대감은 어디에서 비롯된 걸까? 이 희망이 현실에 바탕을 두었다면 과연 어떻게 실현될 수 있을까? 미국이 더 위대한 인류를 꿈꾸기 전에 극복해야 할 난관과 장애물을 이해하려면, 먼저 이 인류를 낳을 여성들 앞에 놓인 중대한 과업이 무엇인지 알아야 한다.

더 위대한 인류에게는 어떤 자질이 있어야 할까? 현재의 미국인들에게서 찾아볼 수 있는 특성일까? 이들은 어디에 살고 있을까? 어떻게 살고 있을까? 미국이라는 문명사회는 이들의 이상을 어떤 방향으로 왜곡하고 있을까? 이방인이 '섞이기' 시작하면서 나타난 '인종의 도가니'는 어떤 영향을 미칠까? 지금 우리는 다양한 종족에서 비롯된 다양한 특성으로 더 자유롭고 더 공정하게, 더 지적이고 더 이상적이고 더 창의적인 인재를 배출하고 있는 걸까?

이 질문에 답하기 전에 미국 인구를 구성하고 있는 인종에 대해 간단히 살펴보자. 미국 내 1억 명이 넘는 인구 중 아프리카 흑인, 인디언, 중국인 등 기타 유색 인종들이 1,100만 명에 달한다. 또한 1,450만 명이 외국에서 출생했다. 이 외에도 1,400만 명의 아이들의 부모가 외국에서 태어났고, 부모 중 한 명이 외국에서 태어난 아이 수도 650만 명에 이른다. 미국의 전체 인구 중 총 4,600만 명이 외국계이며, 인구의 50%가 순수한 백인 혈통이다.

미국의 외국 혈통에 대한 1910년에 실시한 인구 전수 조사에서 독일계 25.7%, 아일랜드계 14%, 러시아계 또는 핀란드계 8.5%, 영국계 7.2%, 이탈리아계 6.5%, 오스트리아계 6.2%로 집계되었다. 이 인구 조사의 초록에서 몇 가지 중요한 사실을 알 수 있다. 미국에 살고 있는 서유럽 계통의 아이들은 대다수가 미국에서 태어났고, 부모가 외국 태생이거나 혼혈이다. 이는 이민자 자료를 통해 확인되었다. 반면에 러시아와 핀란드를 포함한 남유럽과 동유럽 출신 이민자는 1900년에 비해 1910년에 175.4% 증가했다. 이 기간에 유럽은 극빈자들을 미국으로 떠넘기다시피 했으며, 그 비율은 앞선 10년 동안의 약 두 배였다. 그리고 인구 조사가 진행될 당시에도 계속 증가하고 있었다. 따라서 1910년 이후에 실시된 인구조사 결과에 따르면 스페인, 이탈리아, 헝가리, 오스트리아, 러시아, 핀란드 등 국가에서 경제적·정치적 압제에 의해 무지와 결핍에 시달리던 엄청난 인구가 미국으로 유입되었을 가능성이 크다. 이 사람들은 제대로 된 가족을 형성할 정도로 오래 미국에 머무르지 않았다. 1920년의 인구 조사는 미국이 과거 조사 때보다 더 크고 심각한 문제에 직면했다는 것을 말해준다.

1910년 이전 20년 동안 미국에 들어온 14세 이상의 이민자 중 4분의 1 이상이 글을 몰랐다. 1900~1910년에 미국에 도착한 839만 8,000명 중 223만 8,000명은 글을 읽지 못하거나 쓰지 못했다. 1910년 실시한 인구 조사에서 160만 명의 외국인이 문맹이었다. 이들이 더 나은 미국민이 될 것이라고 장담할 수 있을까? 우리는 이 상황을 해결하기 위해 진정으로 도움이 되는 일을 하고 있는 걸까?

미국에 사는 외국계 백인의 3분의 2가 도시에 거주한다. 시카고와 뉴욕 인구의 5분의 4가 이민자 출신이다. 보스턴, 클리블랜드, 디트로이트, 버팔로, 피츠버그, 밀워키, 뉴어크, 저지시티, 프로비던스, 우스터, 스크랜턴, 패터슨, 폴리버, 로웰, 케임브리지, 브리지포트, 세인트폴, 미니애폴리스 및 샌프란시스코 인구의 3분의 2 이상은 토종 백인 혈통이 아니다. 미국 인구의 50%가 혼혈이 아닌 토종 백인 혈통인데, 미국의 50개 주요 도시 인구의 순수 백인 혈통은 14%에 불과했다.

노스캐롤라이나는 외국계 백인 혈통 비율이 유일하게 1% 미만이다. 반면에 뉴욕, 뉴저지, 델라웨어, 매사추세츠, 코네티컷, 로드아일랜드, 미시간, 일리노이, 위스콘신, 미네소타, 다코타, 몬태나 및 유타 등은 주민의 50% 이상이 외국계다. 태평양 연안 지역을 포함하여 11개 주의 외국 혈통은 35~50%다. 메인, 오하이오, 캔자스 등은 25~35%다. 메릴랜드, 인디애나, 미주리 및 텍사스는 15~25%다. 외국계의 출생률이 크게 높기 때문에 이 비율은 감소하지 않고 계속 증가할 것으로 보인다.

1918년 세계 연감에서 1915년 몇 개 주의 인구 동태 통계에 대한 특별 분석에 따르면, 외국에서 출생한 어머니는 코네티컷에서 태어난 어린이의 약 62%를 출산했다. 그리고 매사추세츠 58%, 미시간 약 33%, 로드아일랜드는 약 58%이었으며, 뉴햄프셔 43% 이상, 뉴욕 54% 이상, 펜실베이니아 38% 이상이었다.

기억해야 할 점은 이 수치에 미국으로 건너온 2세의 외국 혈통이 포함되지 않았다는 것이다. 부모는 토박이지만 조부모가 외국계 또는 부모 중 한 명이 외국계인 아이들의 통계가 포함되었다면, 적은 비율이지만 몇 세대 동안 미국의 순수 혈통의 출생률은 분명 더 줄었을 것이다.

이민자나 이들의 자녀들은 미국의 다양한 산업 분야 노동자의 대다수를 차지한다. 《내셔널 지오그래픽 매거진》 1917년 2월 호은 다음과 같이 말한다.

철강 업계 종사자 10명 중 7명이 이민자 계층에 속한다. 우리의 역청탄 광부 10명 중 7명이 이민자 출신이다. 식품 가공업에 종사하는 4명 중 3명은 해외에서 태어났거나 부모가 해외에서 태어난 사람들이다. 또한 우리가 사용하는 실크 제품을 제조하는 사람 5명 중 4명, 모직 공장에서 일하는 사람 8명 중 7명, 석유정제소 노동자 10명 중 9명, 우리가 즐겨 먹는 설탕을 제조하는 사람 20명 중 19명이 이민자 또는 이민자의 자녀.

그런가 하면 기성복 업계 종사자, 철도와 공공사업 분야의 비숙련 노동자, 그리고 다른 많은 업계의 종사자들도 이 계층의 비중이 유사하게 높은 것으로 나타났다.

이 이민자 무리는 위생과 현대적인 생활 방식에 대해 무지하고 종교적 미신으로 인해 어려움을 겪고 있는 것도 사실이다. 하지만 이들 역시 세상 사람들을 괴롭히는 온갖 폭정에서 벗어나 자유를 누리고 싶다는 열망을 마음속에 품고 있다. 이들에게 불굴의 개척자 정신이 없었다면, 이 땅에서 살아남지 못했을 것이다. 이민자들에게는 미국에서 평등과 자유, 풍요로운 삶의 기회를 찾게 될 것이라는 소박한 믿음이 있다. 그리고 우리와 다른 무언가가 있다. 이들의 유전자에는 구세계 문명 특유의 뛰어난 잠재력이 있다. 이들은 용기, 예술, 음악, 문학, 과학 및 철학의 전통이 풍부한 땅에서 왔다. 이들 혈통의 남자와 여자가 창조한 보물을 가지고 이 땅으로 오지 않았다면, 미국인들은 스스로를 더 이상 교양 있는 사람으로 여기지 않았을 것이다. 이민자들은 이 모든 가능성을 우리의 땅에 가지고 왔지만, 신세계에서 구세계의 문화를 재현할 기회는 과연 어디에 있을까?

우리의 문명을 풍요롭게 하기 위해 우리는 이 사람들에게 어떤 기회를 주었는가? 이들을 그저 '무지한 외국인들'로 받아들였고, 이들에게 빨리 움직이라고 소리치고 몰아세우며 무시하지 않았던가?

미국의 기업들은 이민자들이 제분소와 광산이나 공장에서 어떻게 일해야 하는지를 잘 모른다는 점을 악용하여 적은 봉급을 주며 힘든 일을 시켰다. 우리가 이민자들을 빈민가에 몰아넣자 이들은 질병에 걸려 사회적 부담이 되거나 아예 사망하기까지 했다. 이 사람들을 토끼처럼 한데 모아놓고 그 수를 증대시키고 빈곤을 조장했다. 이들을 미국화한다고 말하지 말고, 이민자들을 동물같이 대했다는 사실을 인정해야 한다. 우리가 준 자유는 이들의 사슬을 더 무겁고 단단하게 만드는 자유일 뿐이다. 헐값의 공장 제품보다 더 하찮게 취급받는 이민자들에게 인류 발전에 대한 희망의 씨앗을 기대할 수 있을까?

우리 사회의 모든 척박한 노동 환경은 이민자들만 겪는 것이 아니다. 미국의 연방산업관계위원회가 1915년에 연구를 마쳤을 때, 수백만 명의 이주 노동자 대부분이 백인이었다. 이들 대다수가 결혼했지만 가족과 떨어져 살고 있었으며, 가족들도 마찬가지로 궁핍한 환경에서 힘들게 생활했다.

1910년 산업관계위원회의 보고서에 따르면 전국에 235만 3,000명 이상의 소작 농부가 있는데, 그중 3분의 2는 남부와 남서부에 퍼져 척박한 환경에서 생활하며 일을 했다. 보고서에서처럼 소작농들의 생활은 항상 빈곤했으며 흔히 사용되는 소작농 계약 조건에 어쩔 수 없이 따라야 했고, 아이를 낳으면 들판에 보내 어른들이 하는 일을 하도록 해야 했다. 이 인구 조사 결과는 소작인 수가 증가하고 있음을 보여주었는데, 뉴잉글랜드와 중부 대서양 연안을 제외한 지역은 1900년에서 1910년 사이에 소작인 수가 약 30% 증가했다.

또한 1910년에는 미국에 551만 6,163명의 문맹자가 있었는데, 이 중 137만 8,884명이 순수 백인 혈통이었다. 남부의 일부 주에는 인구의 29%가 문맹이었으며, 물론 이들은 대다수가 흑인이었다.

고려해야 할 요인이 한 가지 더 있다. 너무 광범위하기 때문에 아직까지 언급하지 못한 미국 내 수많은 저임금 노동자들이다. 이들은 저임금 때문에 날이 갈수록 점점 더 빈곤에 허덕이고 있다. 급진적이지 않은, 동시에 개혁적이지도 않은 공화당 지도부의 보라[1] 상원의원은 1917년 8월 상원 연설에서 자신의 견해를 밝혔다.

미국 가구 58%의 소득이 800달러 이하입니다. 미국 가구 70%는 소득이 1,000달러 이하입니다. 이런 상황에서 남자가 자신의 가족을 위

1 윌리엄 보라William Borah ; 1865-1940

해 뭘 할 수 있는지 제게 말해주시겠습니까? 음식과 옷을 어떻게 구하죠? 이 남자는 잡역부입니다. 사는 집은 비좁고 말로 다 할 수 없을 정도로 가난하죠. 한 주 한 주 지날 때마다 배고픔에 지쳐가는 아내와 아이들을 안타깝게 바라봅니다. 가족 중 누군가 병이라도 걸리면 자살하거나 범죄를 저지를지도 모릅니다. 아이들 교육은 엄두도 못 냅니다. 시민권을 받을 자격도 안 됩니다. 심지어 조국을 위해 죽을 각오가 되어 있어도 군인이 될 자격도 없습니다.

이것이 미국에 사는 서민들의 비극입니다. 이 시대에 사람들은 이렇게 살고 있습니다. 이 나라의 산업 환경에서 우리는 아직 아무런 결실을 얻지 못했습니다. 이제까지는 국민들의 새로운 생활, 지금은 거의 사라진 방대한 국유지, 발 빠른 장악으로 보유한 엄청난 천연자원 덕분에 지금까지 구원을 받았지만, 심판의 날이 곧 올 겁니다.

보라 상원의원은 분명히 공개 혁명, 유혈 사태 및 경제적 파산 등에 대해 생각하고 있었을 것이다. 더 심하게 말하면, 우리는 이미 그가 언급한 심판을 받고 있는 것이다. 단적으로 현재 미국에 널리 퍼져 있는 상황으로 인해 우리가 겪는 해악의 결과만 해도 등골이 오싹할 정도다.

앞에서 언급한 미국의 환경이 300만 명의 아동 노동자를 양산하는 셈이다. 육체와 정신을 갉아먹는 노역을 하는 어린 노예들은 자신보다 더 가난하고 불행한 인류를 생산하는 일에만 적합하다.

이와 같은 조건과 환경에서 생활하면 지적 장애을 비롯한 여러 종류의 정신 장애가 나타날 수 있다. 미국에 얼마나 많은 지적 장애자가 있는지는 아무도 모른다. 이들에게 공적인 의료 지원은 전혀 없고, 가족들도 이들의 정신 장애를 드러내지 않고 감추려는 경향이 심하기 때문이다. 현재 35만 명이라고 추측하는가 하면, 1890년 초에 이미 40만 명에 육박했다고 말할 정도로 추정치에 차이가 있는데, 이 분야의 권위자인 바인랜드 훈련소 헨리 고더드[2] 박사는 후자를 지지한다. 이 불행한 사람들 중 3만 4,137명만이 1916년에 미국의 시설에서 관리를 받고 있으며, 나머지는 자신과 유사한 종의 인간을 마구 번식하여 미래 세대에게 공적 부담을 더해주고 있다. 정신박약자들은 다산하는 것으로 악명이 높다. 빈곤 및 무지와 정신박약 출산 사이의 밀접한 관계는 1911년에 뉴욕교육협회의 앤 무어[3] 박사의 한 보고서에 의해 밝혀졌다. 무어 박사는 뉴욕의 학교들에서 정신박약으로 분류된 아이들은 인구가 과밀한 빈민가 환경에 살고 있는 대가족 출신으로, 이들의 소수만 부모가 토박이인

2 헨리 고더드Henry Herbert Goddard ; 1866-1957
3 앤 무어Anne Moore

사실을 발견했다.

미국에서 매년 6만 명의 매춘부가 사라지고 새로 생겨난다. 사회복지사와 과학자의 증언처럼 이 불행한 집단은 빈곤 가정 출신이 주를 이룬다. 1916년 12월 뉴욕시 학교에서만 어린이의 61%가 영양실조에 걸렸고, 21%가 영양 결핍으로 사망 위험에 처해 있었다. 이와 같은 현실, 즉 앞에서 설명한 환경의 결과는 뉴욕시 아동위생청 조사에서도 나타났다.

현실을 잘 말해주는 또 하나의 추악한 항목이 성병이다. 1918년에 발표된 「성병*The Venereal Diseases*」이라는 제목의 소논문에서 뉴욕주 보건청 책임자인 헤르만 빅스[4] 박사는 미국에서 매독과 임질 환자 수를 추정한 관계 당국자들의 말을 인용했다. 한 당국자는 60%의 남성이 언젠가 하나의 질병 또는 다른 질병에 걸린다고 말했다. 또 다른 사람은 뉴욕시 인구의 40%가 성병 중에서도 가장 지독한 매독을 앓고 있다고 주장했다. 빈곤, 결혼 유예, 매춘 등의 무시무시한 사슬이 이 재앙을 잘 설명해 준다고 한다.

마지막으로 결핵은 열악한 주거 환경뿐 아니라, 작업 시 빈약한 음식과 보건에 해로운 환경 탓에 생겨난다. 결핵 연구

---

[4] 헤르만 빅스Hermann Michael Biggs ; 1859-1923

및 예방 협회 이사이자 미국의 결핵 분야 최고의 권위자인 프레더릭 호프만[5] 박사는 "우리는 미국의 결핵 환자 수가 200만 명인 것으로 알고 있다"라고 말한다.

이러한 현실이 잔인하게 느껴지는가? 하지만 이것이 전부가 아니다. 산발적인 통계들로는 과로로 인해 무너진 아버지의 삶과 끊임없이 커지는 어머니의 고통뿐만 아니라 좋지 않은 건강, 부족한 음식, 부적절한 교육과 숨이 막힐 듯한 노역을 이겨내기 위해 싸우는 어린 시절의 고통을 제대로 설명하지 못한다.

일시적인 입법 처방으로 수면 아래에 있는 근본적인 문제를 묵살하거나 경멸하는 태도를 취하면서, 이 상황을 치유할 수 있으리라 기대하나? 이민자들에게서 그들이 우리 땅으로 가져온 자유의 꿈을 짓밟는다면 무엇이 더 나아질까? 이민자들에게 그들의 문화 발전에 기회를 주는 대신, 저임금과 빈민가의 주거 그리고 '미국화'라는 기계적 사이비 애국 설교를 제공한다고 문제가 해결될 수 있을까?

이 모든 추한 상황 하나하나가 미국에서 더 위대한 인류를 향한 길을 개척하기 전에 해결되어야 할 문제들이다. 계속

5　프레더릭 호프만Frederick Ludwig Hoffman ; 1865-1946

안일한 방법으로 대처한다면 문제를 해결할 희망이 전혀 없다. 사람들은 이 문제들을 지나치게 감상적으로 생각하고 섣부르게 입법화했다. 문제를 매도하고 개혁만을 내세웠다. 터무니없고 헛된 일이다. 이는 점점 더 많은 아이들을 요구하는 사람들의 입장일 뿐이다. 이 같은 상황에서 태어났음에도 아이들은 더 강력한 해악을 부른다.

미국에서 진정한 인류 정신을 가진 새로운 종족을 개발하려면, 우리는 교육하고 이해시킬 수 있는 범위 이내로 출생률을 유지해야 한다. 다가올 세대를 민주주의의 이상에 적합하게 육체적으로 건강하고 정신적으로 유능할 뿐만 아니라, 사회적으로도 기민한 인간으로 만들기 위해서는 우리와 융합될 수 있는 범위를 넘어서는 재생산을 장려해서는 안 된다.

한 종족의 진화 속도는 생식 능력에 비해 훨씬 느리다. 인구 증가를 신중하게 규제하지 않으면, 인구 증가로 인해 생겨난 상황에 대처하기가 힘들다. 따라서 우리는 최선을 다해 돌볼 준비가 되지 않은, 즉 교육적·경제적으로 제대로 해낼 준비가 되지 않은 인구의 증가를 허용해서는 안 된다. 산아제한에 대한 생각을 널리 퍼뜨려야 한다. 우리가 이미 가진 특권을 무턱대고 버려서는 안 된다. 이 자유와 성장의 기회를 일반 대중의 손에 쥐여주어야 한다.

모성에 자유를 주어야 한다. 드러나지 않은 이민자 어머니에게 원치 않은 아이를 낳지 않게 할 수 있는 지식을 제공해야 한다. 우리는 감춰진, 그리고 잘 드러나지 않은 인구 증가 요인 중에 민족 고유의 문화적 요인이 많다는 사실을 잘 알고 있다. 모성은 이러한 문화적 요소가 흐르는 통로와도 같다.

남편을 자유롭게 선택하고 둘의 결합에서 자녀를 낳는 시기와 자녀의 수를 자유롭게 선택할 수 있을 때, 모성은 신기할 정도로 원활하게 작동한다. 약골을 낳길 거부하고 노예를 낳으려 하지 않을 뿐만 아니라, 앞에서 말한 척박한 환경에서 살게 될 아이들을 낳길 거부할 것이다.

모성은 병약한 아이를 거부하고 건강한 아이를 낳는다. 아이를 위해 제공할 것이 충분하지 않을 때 아이를 낳으려 하지 않는다. 본능적으로 인종적 어려움을 배가시키는 요인은 전부 피한다. 바로 이와 같은 환경에서 '용광로melting pot'가 제련될 수 있다. 우리는 여기에서 완벽한 육체와 정신력, 그리고 영적 진보가 하나로 융합된 인류 문화의 소중한 귀금속을 만들어 낼 수 있다. 최상의 인종적 요인을 모두 갖춘 미국식 인류는 현재 우리의 상상력을 뛰어넘는 밝은 미래와 리더십을 세상에 뿌리내리게 할 것이다.

4 장

두 계층의 여성

지금까지 우리는 미국의 한 계층인 노동자 계층에 대해 주로 이야기했다. 노동자 계층의 가족에 속한 여성은 대부분 산아제한에 대한 정확하거나 신뢰할 만한 지식이 없다. 아이들을 너무나 빨리 낳기 때문에 자신과 가족은 물론 계층 전체가 아이들의 수에 압도당하는 비극에 처해 있다. 알다시피 수많은 아이들로 인해 사회 전반에 미치는 부담도 가중되었다. 노동자 계층이 결핍, 질병, 척박한 생활환경 등 전체적인 빈곤에 직면했기 때문이다.

이 계층에 속한 여자들이 가장 큰 고통을 겪고 있다. 다른 가족들과 마찬가지로 경제적 빈곤과 박탈감을 겪을 뿐 아니라, 어머니의 경우에는 그 강도가 더욱더 심하다. 부족한 음식을 먼저 요구하는 사람은 남편과 아이다. 여유가 있어도 여가를 누리는 사람은 남편과 아이다. 남편의 노동 시간은 대부분 법이나 노조에서 제한하고 있기 때문이다.

굶주림으로 가장 먼저 고통받는 사람은 여성으로, 이들은 가장 낡은 옷을 입고 남편의 빈약한 수입에 보태기 위해 어쩔 수 없이 공장에 나가서 쉴 새 없이 일하는 경우도 무수히 많다. 이뿐만 아니다. 장시간의 노동, 빈번한 출산의 고통 그리고 거의 쉴 새 없는 모유 수유 때문에 가족 중에서 가장 먼저 건강에 적신호가 켜지고 급기야 자포자기에 빠지는 경우가 부지기수다. 가정에서의 과로와 노역으로부터 어머니를 보호할 수 있는 8시간 법은 없으며, 악화된 건강과 임신 및 생식의 질병으로부터 어머니를 보호할 법도 없다. 노동자 가정에서 어머니를 보호하려는 생각이나 배려는 거의 없다고 볼 수 있다.

지나치게 높은 출산율의 결과로 인해 여성이 겪는 육체적인 질환에 관한 전체적인 건강 관련 통계는 없다. 그러나 그레이스 메이그스[1] 박사가 미국 노동부 아동국을 위해 편찬한 산모 사망률에 대한 통계로 상황을 가늠해 볼 수 있다. 이 수치에는 임신으로 인한 합병증으로 사망한 여성의 수는 포함되지 않았다. 메이그스 박사는 통계 결과 요약본에서 다음과 같이

---

1 그레이스 메이그스 크라우더Grace Meigs Crowder ; 1881-1925

밝혔다.

1913년 미국에서 최소한 1만 5,000명의 여성이 출산 도중 사망한 것
으로 추정된다. 이 중 약 7,000명은 산욕열로 사망했으며, 나머지
8,000명은 현재에는 대부분 예방 또는 치료 가능한 것으로 잘 알려진
질병으로 사망했다. 그러나 의사와 통계학자들은 이 수치가 '너무 낮
게 추산되었다'고 주장한다.

허망하게 사망한 여성의 수 1만 5,000명이 '너무 낮게 추
산되었다'는 것에 대해 생각해 보자! 이 수치는 거의 매일 밤
낮으로 두 명의 여성이 세계에서 가장 건강하고 아마도 가장
진보적인 국가에서 출산 도중 사망했다는 것을 의미한다.

결핵에 걸린 상태에서 임신한 여성이 매년 수천 명씩 사
망하는데, 메이그스 박사는 이 수치를 통계에 포함하지 않은
것이 분명하다. 1916년 신시내티에서 개최된 미국공중보건협
회 제44회 연례대회 연설에서 아돌푸스 크노프[2] 박사는 "결핵
에 걸린 여성의 65%가 비교적 초기의 치료 가능한 단계에서
임신을 피했다면, 그리고 예방 수단을 알았다면 생명을 구할

2   시가드 아돌푸스 크노프Sigard Adolphus Knopf ; 1857-1940

수도 있었겠지만, 그렇지 못했기 때문에 사망했다"라는 발언으로 주목을 끌었다. 또한 매독이나 신장 및 심장 질환들은 임신했을 때 치명적이지만 메이그스 박사의 연구에서는 이를 고려하지 않았다. 그럼에도 불구하고 메이그스 박사는 다음과 같이 연구 결과를 발표했다.

> 1913년에 임신으로 인한 심각한 합병증으로 사망하는 수십만 명의 여성을 제외하고도, 출산으로 인해 질병에 걸린 인구 10만 명당 사망률이 장티푸스보다 약간 낮은 수준이었다. 이 비율은 영향을 받을 수 있는 인구 집단인 가임 연령 여성만 고려해도 거의 4배에 이를 것이다. 1913년에 출산으로 인한 15~44세의 여성 사망률은 결핵을 제외하고, 그 어떤 질병보다도 높았다.

출산으로 인한 사망은 어떤 유형의 가정에서 빈번하게 발생할까? 음식·간호·위생·치료 등 의학적 관심이 부족한 과밀 주거지에서 주로 발생한다. 임신으로 인해 결핵과 그 밖의 많은 질병들이 더욱 악화되는 곳은 어디일까? 역시 같은 유형의 가정에서 찾을 수 있다.

치명적인 불행의 사슬 역시 너무 명백해서 누구나 어렵지 않게 알 수 있다. 노동자 계층의 여자는 결혼 후 남편의 수

1916년 10월 뉴욕 브루클린, 마거릿 생어는 비밀리에 피임Birth Control 클리닉을 열었다. 간호사와 피임 기구, 집기류 등이 구비되었고, 진찰료는 여성 1인당 10센트 정도였으나 9일 만에 문을 닫게 되었다. 사진 속에서는 간호사 에델 번Ethel Byrne이 클리닉에 찾아온 여성과 상담하고 있다.

입으로 생계를 꾸려간다. 결혼 초기에 가사 의무는 여자의 능력을 넘지 않는다. 그다음 아이들을 하나, 둘, 셋, 넷, 아마 다섯 이상까지 낳기 시작한다. 그러나 남편의 수입은 가족의 수가 증가한 만큼 빠르게 늘어나지 않는다. 가정에서 음식, 의류 및 기본적인 생필품은 가족 수의 증가를 미처 따라가지 못한다. 여자의 일은 점점 더 늘어나고 아이들을 일일이 챙기기가 힘들어진다. 게다가 이제 남편의 수입으로는 부족하기 때문에 공장에 나가야 할 것이다. 여자는 공장에서 힘들게 일하고 밤에는 집안일을 한다. 건강은 나빠지고 집안은 엉망진창이 되며, 생필품 부족으로 인한 질병, 특히 결핵에 걸리기 쉽다. 이러한 환경은 연이은 출산 후유증에서 회복할 기회를 점점 사라지게 한다. 뒤에서 표를 통해 살펴보겠지만, 자녀의 생존 가능성 역시 줄어든다.

원치 않는 아이, 가난, 나쁜 건강, 불행, 사망 등 모든 것이 서로 연관되어 있으며, 앞 장에서 언급한 계층의 가족들에게 대부분 일어나는 공통적인 현상이다. 여성의 고통에 대한 이야기는 아직 제대로 언급하지 않았다. 여성의 경제적 상황은 극심하지만 정신적 박탈감은 훨씬 더 크다. 모성애는 자식에게 뭔가를 표현해 주고 싶어 한다. 이것이 아이의 성장에 필수적이기 때문이다. 그러나 빈곤, 안 좋은 건강, 적대감이 끊임없이 생겨나는 혼잡한 가정에서 지나치게 많은 아이들의 어머니는 이 가장 단순한 인간적인 표현마저 박탈당한다. 엄마는 아이에게 자신의 인성에 대해 아무런 말도 해주지 못한다. 교육은 불가능하고 인정 어린 가르침도 마찬가지다. 그 대신 이 엄마는 피곤하고 신경질적이며 툭하면 화내고 짜증 내는 모습만 보여주는데, 아이에게 도움이 되기는커녕 방해만 될 뿐이다. 모성은 큰 불행이 되고 아이의 어린 시절은 비극이 된다.

여성은 집 밖에서도 인간적인 표현의 기회를 완전히 잃어버린다. 사회에 필요한 자질을 개발하거나 사회의 즐거움을 만끽할 기회도 없다. 마음속 깊이 내재된 페미니즘 영역, 즉 이따금 이러한 부담에서 벗어나 여성 내면에서 피어나는 이 정신을 자유롭게 펼치지 못한다. 여성은 지역 사회의 평안에 아무런 기여도 할 수 없다. 마치 번식 기계인 양 계속 출산만 할 뿐이다. 이웃, 계층, 사회의 자산이 아니라 부담에 불과하다. 가족 수를 제한할 수단이 거부되는 한, 여성은 보잘것없는 존재일 뿐이다.

무지하게 대가족을 만들고 스스로 노예가 되는 여성들과는 완전히 대조적으로, 자녀가 한두 명 또는 세 명이거나 아예 없는 여성들도 간혹 있다. 자녀가 없는 경우를 제외하고 이 여성들은 균형 잡힌 생활을 한다. 부유층이나 지식층뿐만 아니라 노동자 계층에서도 찾아볼 수 있다. 노예 여성들과 한 가지 근본적인 차이가 있는데, 대가족 양육에 대한 부담이 없다는 것이다.

이들에 대해 알기 위해 역사가는 물론이고 사회학자나 통계학자까지 동원할 필요가 없다. 일상에서 자주 접하기 때문이다. 위대한 스승, 위대한 작가, 미술가, 음악가, 의사, 대중 운동 지도자, 위대한 참정권 확장론자, 개혁가, 노동 지도자 그리고 혁명가인 여성들은 강요에 의해 대가족을 양산하고 양육하는 데 육체적·정신적인 힘을 낭비하지 않는다. 이 사실은 널리 알려져 있기 때문에 새삼 논의할 필요가 없다. 대가족의 일원인 여성이 시대의 발전이나 사회 환경 개선에 직접적으로 기여하려고 하는 경우, 그 여성의 가정에는 숙련된 간호사, 여자 가정교사, 그 밖에 아이 양육에 필요한 의무를 수행하는 사람 등을 고용할 정도의 재산이 있어야 한다. 이러한 가정의 여성은 귀중한 존재이며 사회적으로도 인정받는 사람이다.

아무튼 소가족의 여성은 모든 인간의 권리와 각자가 최대한 발전시킬 수 있는 사회적 즐거움을 자유롭게 선택할 수 있다. 이들은 각자의 능력에 따라 때로는 남편의 동반자가 되고 동료가 될 수도 있는데, 이것은 많은 자녀를 둔 어머니에게는 주어지지 않는 특권이다. 시대의 상황을 잘 파악하고 다양한 분야의 친구를 사귀면서 관계를 키워나가고, 그들의 취향과 수단에 맞는 즐거움을 찾으며 진정한 취미의 의미를 찾을 수 있는 기회가 그들의 것이다. 이 모든 것은 다산한 어머니가 이루지 못하는 바람이기도 하다.

피임에 대한 지식이 있는 여성은 모성이 되는 경험과 불행한 삶 중 어떤 선택도 강요받지 않는다. 또한 사회적 및 정신적 활동과 모성의 균형을 맞출 것을 강요받지도 않는다. 모성은 모든 여성이 자유롭게 선택하는 것이 당연하다. 여성이 어머니가 되기로 결심했다고 해서 친구들로부터 고립되는 것이 아니며, 남편, 친구, 문화 그리고 삶의 기쁨에 필요한 모든 다양한 경험에서 멀어지는 것도 아니다.

이 시대에 적합한 인류의 어머니들은 '노예들의 노예'가 아니라 이들이 선택한 남자들의 구애를 받은 동료들이다. 이들에게는 마법의 힘, 다시 말해 스스로 풍요로운 삶을 누릴 수 있을 정도로 가족의 수를 제한하는 힘이 있다. 이러한 삶은 이 세상 모든 여성에 내재되어 있는 페미니즘 정신의 표출 그 자체다. 이 정신은 예술, 전문 기술, 지성뿐만 아니라 여성이 이루거나 이룰 수 있는 전부인 것이다.

5 장

대가족화의 사악함

이 시대의 가장 심각한 악행은 세상을 대가족화하라고 부추기는 것이다. 그리고 가장 부도덕한 관행은 너무 많은 아이들을 낳는 것이다. 이 문제를 철저하게 연구해 본 적 없는 사람은 의아해할 수 있다. 그렇지만 일상적인 경험이나 관찰을 통해 현실과 환경에 대해 곰곰이 생각해 보면, 이 말이 진실이라는 것을 알 수 있다.

대가족의 부도덕함은 가족 모두에게 해가 될 뿐 아니라 사회에도 악영향을 끼친다. 오늘날 가장 큰 해악이 무엇인지 질문을 받으면, 우리는 신문이나 정치 선동가의 말이 주는 교훈에 비추어 매춘, 노동자 탄압, 아동 노동 또는 전쟁 중 하나라고 대답할 것이다. 하지만 소녀를 매춘으로 몰아넣는 빈곤과 방치의 원인은 주로 어머니가 제대로 돌보지 못할 정도로 너무 많은 자녀를 낳았기 때문이다. 소녀에게 문제가 있는 것이 아니라, 소녀의 어머니가 너무 많은 아이를 낳아서 소녀가 매춘부가 될 가능성이 높은 것이다. 노동자는 그 수가 지나치게 많기 때문에 억압받는다. 반대로 노동력이 부족하면 임금이 올라가고 노동 환경이 개선된다. 대가족은 노동력이 풍부하기 때문에 아동 노동 공장뿐 아니라 실업자 집단에도 노동력을 제공한다. 과도한 출산으로 늘어난 인구는 전쟁의 근본적인 원인이며, 여기에 대해서는 다음 장에서 살펴보기로 하겠다. 대가족이 없었다면, 최소한 앞에서 언급한 해악 중 하나 정도는 생기지도 않았거니와 오늘날까지 존재하지 않았을 가능성이 훨씬 높을 것이다. 그중에서도 너무 커져서 제대로 돌보기가 힘든 대가족은 이 자체가 해악이지만 항상 다른 해악을 존속시키는 원인이기 때문에, 이 사회의 해악 중 최악이라 할 수 있다.

대가족 양산과 관련된 부도덕함 중 첫 번째로 어머니의 모성에 대한 잔악 행위를 들 수 있다. 어머니가 자기 의지나 여성 본능에 기대어 자녀를 낳지 않는다면 대가족은 아마 존재하지 않을 것이다. 어머니는 성을 강요받아서 평균적으로 1년 또는 2년에 한 번은 원치 않는 결과를 낳는다. 이 모성의 노예화를 강요하는 힘은 교회와 국가에서 나오는데, '인류 자멸race suicide'에 강력히 반대하는 애국자들의 선동에서 나온 경우에는 더욱더 부도덕하다. 이 잘못은 남편의 억제할 수 없는 열정이 여성을 노예화한 것만큼이나 막중하다. 그리고 어머니에게 자유와 자기 계발의 기회를 빼앗은 대가족의 잘못 그 자체만으로도 부도덕하다고 비난받기에 충분하다.

여성에 대한 잔학 행위는 여기서 끝나지 않는다. 과도한 출산은 이제 의료계에서 여성의 건강을 악화시키는 가장 큰 원인 중 하나로 인식되고 있다. 수십만 명의 미국 여성들은 결혼 당시에 건강 상태가 양호하지만, 몇 년이 지나지 않아 육체가 만신창이가 되어 아이를 제대로 양육하지 못하고 인생을 즐길 수도 없다.

윌리엄 로빈슨[1] 박사는 자신의 저서 『산아제한 또는 자손제한Birth Control or The Limitation of Offspring』에서 모든 의사들은 "너무 잦은 출산과 양육, 잠 못 드는 밤이 수많은 어머니들의 활력을 빼앗고 노화를 앞당기는가 하면, 이들을 만성적인 질병에 시달리게 한다"라고 밝힌 바 있다.

대가족이 아버지에게 미치는 악영향은 그래도 어머니보다는 훨씬 덜 하다. 건강함, 활력, 즐거운 애정 생활에 대한 기

---

1   윌리엄 J. 로빈슨William Josephus Robinson ; 1867-1936

대 속에서 행복을 누리고 사는 젊은 남자의 모습은 보는 이의 마음을 흐뭇하게 한다. 그러나 10년 후에 이 젊은 남자는 우리에게 친숙하지만 안타까운 모습으로 나타난다. 그는 짧은 간격으로 계속 아이를 낳는 바람에, 아무리 열심히 일을 해도 그리고 아무리 오랜 시간 일해도 결핍을 해소할 수 없다는 것을 알게 된다. 이 세상 모든 이들이 사랑했을 법한 남자는 실의에 빠지고 초라한 무능력자가 되어 세상 사람들의 동정을 받든가 조롱을 당하게 될 것이다. 하나 혹은 둘의 자녀를 부양하는 행복하고 능력 있는 아버지가 되지 못한다. 그 대신 다섯이나 여섯 아이라는 부담에 맞서 싸우는 전사와도 같은 삶을 살면서 앞으로 몇 명이 더 생길지 모른다는 비극을 예상하게 된다. 대가족의 아버지들은 육체적으로 나약하고 정신적으로 실의에 빠져 영적으로도 희망이 없는 삶을 살면서, 대가족이란 체계의 부도덕성을 몸소 보여준다.

대가족이 어머니와 봉급쟁이 아버지에게 미치는 영향을 하나의 악행으로 단죄하기에 충분치 않다면, 자녀에게 미치는 영향으로 최종 결론을 내릴 수 있다. 미국에서는 1세 미만 유아가 매년 30만 명 정도 사망한다. 사망자의 약 90%는 직·간접적으로 영양실조, 빈곤으로 인한 기타 질병 아니면 어머니의 과도한 출산의 영향을 받았다.

태어난 순서	생후 첫해 사망
첫 번째	23%
두 번째	20%
세 번째	21%
네 번째	23%
다섯 번째	26%
여섯 번째	29%
일곱 번째	31%
여덟 번째	33%
아홉 번째	36%
열 번째	41%
열한 번째	51%
열두 번째	60%

　　임금 노동자 가족의 규모와 1세 미만 어린이 사망의 직접적인 상관관계는 유아 사망률에 대한 많은 연구에서 입증된다. 가장 확실한 증거는 아서 가이슬러가 광부를 대상으로 한 연구 결과로, 알프레드 플로츠[2] 박사가 제1차 국제우생학회에서 앞서 이 결과(「1913년 런던, 우생학의 문제점」)를 인용했다. 임의로 추출한 부부 관계 집단에서 2만 6,000명이 출생했으며, 1~2명의 자녀가 있는 가정은 제외하고 가이슬러는 다음 표와 같은 결과를 얻었다.

2　알프레드 플로츠Alfred Ploetz ; 1860-1940

이 결과에서 두 번째와 세 번째로 태어난 아이가 생후 첫 해에 살아남을 가능성이 매우 높다는 것을 알 수 있다. 나중에 태어난 아이들일수록 생존할 가능성이 점점 줄어서, 열두 번째 태어난 아이는 1년을 채울 가능성이 현저하게 낮다.

그러나 이 주제에 관심이 깊은 사람들에게는 이 자료만으로 충분하지 않을 수 있으므로, 생후 첫해 이후 생존한 아이들이 5세 이전에 얼마나 많이 사망했는지를 알아보는 것이 좋을 듯하다.

아마도 많은 사람들이 대가족의 부도덕함을 더 자세히 설명해 봤자 별로 소용없다고 생각할 수도 있다. 하지만 주변에서 쉽게 찾을 수 있는 증거가 아직 많기 때문에, 이 사실에 대해 전통적인 사고방식을 고수하는 사람들에게 자료를 제공할 수 있다. 대가족 가정의 영유아들에게 할 수 있는 가장 자비로운 행위는 이들을 세상에서 사라지게 하는 것이다. 끔찍한 영아 사망률과 1세에서 5세 사이의 어린이 사망률 증가와 같은 요인은 살아남은 형제들이 건강할 확률을 낮추는 데도 크게 기여한다. 더욱이 빈곤층에서 양육된 대가족의 혼잡한 가정도 이들의 건강 상태를 더욱 악화시킨다. 의학적 관심 부족 역시 이를 부추기는 또 다른 요인으로, 형제들이 많은 환경에서 이미 체질이 허약해져 있고 영양 상태가 부실한 아이들은 다른 형제들과 경쟁하며 건강을 지키기 위해 힘겹게 몸부림치며 살아가야 한다.

아이는 유명무실한 헌법, 혼잡한 집, 부족한 음식과 보살핌 그리고 아마도 나약한 정신 상태로 인해 힘겹게 살다가 구치소나 구호 시설에 갇히는 신세가 될 가능성이 크다. 모든 수용소, 정신병원, 소년원, 지적 장애인를 위한 기관은 임금 노동자 계급의 지나친 다산이라는 해악을 향해 원성을 높인다.

자발적인 모성과 노동의 권리 및 전쟁 방지와의 상관관계를 생각할 때, 우리는 '노동자들의 대가족'이 자발적인 모성을 억압하는 원인이라는 사실과 역사상 가장 피비린내 나는 4년 반 동안의 인간 대참사(제1차 세계대전)의 주된 원인임을 알게 된다. 아동 노동 공장의 어린 노예가 어디서 공급되는지 알기 위해 너무 거창하게 생각할 필요가 없다. 이들은 가난한 대가족에서 나오기 때문이다. 나이가 든 아이들은 대부분 더 어린 아이들을 부양하는 일에 미약한 힘이라도 보태야 하기 때문이다.

아동 노동이라는 악에 맞서 싸우는 사람들은 대가족이 세상에 초래한 이 부도덕에 대해 잘 알고 있다. 1915년 《하퍼스 위클리*Harper's Weekly*》에서 매리 올던 홉킨스[3]는 전국 아동 노동위원회 사무총장 오언 러브조이[4]의 말을 인용한다.

너무 많다는 것은 어느 정도로 많다는 말일까? … 어머니가 돌볼 수 없는 정도 그리고 아버지가 부양할 수 없는 정도다. … 현재처럼 아이들이 너무 많아서 아버지가 부양하지 못하는 상황이 되면 아이들 중 일부는 광산이나 공장 아니면 상점이나 제련소 등에서 일할 수밖에 없다. 그렇게 되면 아직 완전히 성장하지 않은 연약한 신체가 손상될 뿐만 아니라, 간접적으로 아버지의 임금을 낮출 수도 있다. 집은 단지 피곤함에 찌든 몸과 잠에 취한 영혼이 밤마다 들르는 장소에 불과하다. 그리고 아이들이 공장에서 살아남으면, 이들은 결혼을 통해 자신의 무지와 나약함 그리고 질병을 영원히 번식시키려 한다.

그러면 대가족은 매춘과 어떤 연관이 있을까? 이 문제를 연구하는 사람들에게 이렇게 질문해 본다. 가족의 규모는 매춘으로 살아가는 수많은 소녀들의 삶과 직접적인 관련이 있다. 빈곤, 청소년기의 관심과 교육 부족, 대가족으로 인한 혼잡한 주거 환경은 보편적으로 소녀들의 '방탕함waywardness'의 원인으로 인식되고 있다. 사회복지사들은 이 같은 환경에서 비롯된 필연적인 결과를 우려하며 목소리를 높였지만 허사였다. 모드 로이든[5]은 『아래로 향하는 길Downward Paths』의 서문에서 이

---

3 매리 올던 홉킨스Mary Alden Hopkins ;1876-1960
4 오언 러브조이Owen Reed Lovejoy ; 1866-1961
5 모드 로이든Agnes Maude Royden ;1876-1956

렇게 말한다.

이 문제는 가정과 주거, 특히 아이와 밀접한 관련이 있다. 아이들이 아주 이른 나이에 처음 타락을 경험하는데, 문제가 생기고 나서야 우리는 비로소 아이들이 성장하는 주변 환경의 본질에 대해 생각하게 된다. 비좁은 공간, 인구 과잉 상태, 연령대가 다른 남녀의 군집 생활 등이 기본적인 예의범절과 보호라는 장벽을 무너뜨린다. 현실적으로 예절을 지키는 것이 불가능한 곳에서 아이들의 행실은 나빠질 수밖에 없는데, 이는 오히려 당연한 결과라고 할 수 있다.

길거리 말고는 놀 데가 없고 엄마의 보살핌을 제대로 받지 못한 아이의 가장 주된 정서적인 경험은 삶에서 반드시 필요한 것에 대한 갈망이 아닐까? 우리는 이 안타까운 이야기의 결말을 너무나 잘 알고 있다. 먹고 입기 위해 자신을 파는 소녀들 뒤에 도사리던 음산한 형상이 모습을 드러내, 노동자의 아내와 어머니들에게 아이를 낳고 낳고 또 낳으라고 구역질 나는 권고를 하며 도덕적 독단주의자들의 저주를 퍼붓는다.

이 증거는 임금 노동자의 대가족에서 극명하게 나타난다. 그리고 사회복지사, 의사, 개혁가는 영원히 빈곤한 계층의 일원으로 존재할 수밖에 없는 자들의 번식을 중단하라고 외친다. 그렇다면 풍족하고 부유하게 사는 가족의 경우는 어떠한가? 우리는 이 계층에서 자발적인 모성에 도달한 여성을 찾아볼 수 있다. '인류 자멸'을 경고하는 사람들은 이 계층에서 더 많은 자녀들을 가져야 한다는 특별한 탄원을 제기하곤 했다. 더 많은 번식을 지지하는 자들은 여성들에게 더 높은 지능, 더 나은 건강, 아이들을 돌볼 더 많은 시간, 그리고 아이를 지원해 줄 더 많은 수단이 있다고 주장한다. 그래서 이 여성들이 엄청난 수의 아이들을 출산함으로써 강력하고 건강하며 똑똑한 자손들로 이 땅을 채우는 것이 여성들의 의무라고 분명히 말한다.

이 논거가 얼마나 어리석은지 밝힐 차례가 되었다. 첫 번째 어리석음은 안락한 환경에 있는 여성들이 대가족의 어머니가 될 경우, 계속 교양을 유지해서 사회적 가치가 있다는 주장이다. 하지만 대가족의 어머니들은 자신의 건강 수준을 유지하지 못하고 자식들에게 좋은 건강을 물려줄 수가 없다.

이들에게 원하는 만큼의 자녀 출산과 양육의 부담을 덜어줄 자원이 있는 것은 사실이지만, 부유한 어머니도 가난에 찌든 어머니와 마찬가지로 회복하려면 자신의 시스템에서 대체하는 데 시간이 걸리는 특정 요소들을 제공해야 하는 것 또한 사실이다. 아이를 돌볼 능력이 있는 여성보다 그렇지 못한 여성이 더 힘들겠지만, 양쪽 모두 과도한 출산에 따른 분만의 중압감에서 몸을 회복할 수 있는 시간이 필요하다. 운이 좋은 환경에 있는 여성이 남성 위주의 '인류 자멸'에 빠진 광신자들의 요구에 귀를 기울였다면, 이들은 몇 년도 채 되지 않아 재능과 지성을 계발할 시간이 없는 자매들과 같은 상황에 빠지게 되었을 것이다. 자녀의 수에 제한을 두지 않았다면 활기차고 영리하며 교양이 풍부한 모성은 불가능했을 것이다.

1909년 5월 헤럴드 볼체[Harold Bolce]는 뉴욕《코스모폴리탄》의 기사에서 '인류 자멸'이라는 흥미롭고 놀라운 용어의 기원에 대해 설명했다.

> 다산의 유일한 결과는 묘지를 작은 무덤들로 채우고, 무고한 희생으로 '과도한 모성의 신[Moloch]'에게 어린아이를 제물로 바치는 것이다. 그러나 위스콘신대학 사회학 교수인 에드워드 로스[6]는 출산율의 제약을 '하류 계층에게나 유익한 운동이며, 경미하고 일시적이며 치료 가능한 악'으로 간주하고 '여성성을 축소하고 남성성을 경시하는 행위'라고 항변한다. 하지만 이러한 주장이야말로 사악한 복음이다. 특히 한 교사가 '인류 자멸[race suicide]'이라는 용어를 고안했지만 많은 사람들이 루

---

6   에드워드 로스[Edward Alsworth Ross] ; 1866-1951

스벨트 때문에 잘 접하지 못하게 되었다.

임금 노동자와 봉급 생활자들은 삶 속 깊이 자리 잡고 있는 가족 규모에 관심이 더 클 수밖에 없다. 부자들 사이에서도 대가족이 여성 본연의 권리인 자신의 신체 통제, 자기 계발과 자기표현을 침해할 뿐 아니라, 사회의 열등한 계층에 대한 억압이기 때문에 부도덕하다고 여긴다. 지난 50년 동안 계속 사회의 상류층과 중산층이 사회의 빈곤층에 보조를 맞췄다면 오늘날 미국의 노동 계급 임금은 하루에 쌀 한 줌인 중국의 수준으로 내려갔을 것이다.

이러한 생각이 어머니와 할머니 시대를 연상시키는 남성 위주의 대가족 옹호자를 저지하기에 충분치 않다면, 오늘날 6~8명의 자녀를 낳고 양육하는 것은 바로 앞 세대의 문제와는 확연히 다르다는 사실을 잊지 말아야 한다. 육체적으로나 정신적으로 오늘날 여성들의 환경은 그들의 할머니 때처럼 많은 아이들을 낳기에 적합하지 않다. 확실히 극도로 긴장감 높은 현대 생활방식과 여성의 일상적인 문제가 더욱 복잡해진 것이 이러한 결과를 초래했을 것이다. 철저한 과학적 연구가 수행되기 전까지는 잘 양육된 사람들 사이에서도 빠르게 퍼지는 결핵과 그 밖의 심각한 질병의 원인이, 앞선 어머니 세대의 지나치게 많은 출산으로 태아의 육체적 자원이 결핍되었기 때문이라고 말할 수 있지 않을까?

대가족을 낳은 부도덕함은 어머니, 아버지 그리고 사회에 공동 책임이 있다. 이 세 가지 요인 모두에 죄책감이란 짐이 지워져 있다. 어머니와 아버지는 대체로 무지했다고 할 수 있다. 그럼 사회는 어떻다고 말할 수 있을까? 낡아빠진 법규와 관습으로 공공 비용과 불행, 영적 타락의 결과물이 계속 쌓여가는데 내버려 두는 우리 자신에 대해 뭐라고 말할 수 있을까? 원치 않던 대가족에 대한 고발장은 고통받는 인간의 비통함으로 작성되었다. 상식적으로 이를 지지하고 옹호할 만큼 뻔뻔스러운 사람이 있을까?

우리가 아는 한 가지는, 생식이라는 크나큰 사슬에서 벗어난 여성이라면 다시 그 사슬에 갇히지 않을 것이라는 점이다. 부유층과 상류층의 출생률은 큰 폭으로 상승하지 않을 것이다. 이 계층의 여성에게는 이들을 극도로 압박할 굴레가 없다. 자유롭기 때문에 우리는 이 여성들에게 많은 것을 기대할 수 있다. 우리는 이 여성들이 페미니즘 정신에 대해 훨씬 더 많은 것을 표출하길 기대한다. 이들이 세상의 지적, 예술적, 도덕적, 영적 삶을 풍요롭게 해주길 기대한다. 낡은 도덕 체계, 퇴폐적인 위선, 암흑시대의 종교적 관념, 그리고 여성이 자신의 신체나 피임에 관한 정보를 알지 못하게 함으로써 여성을 노예화하는 법률 등을 폐지하길 기대한다. 이와 같은 악습을 사악하고 타락한 것들이 모여 있는 쓰레기 더미로 보내야 한다. 이것이 자유로운 여성들이 할 일이다. 과거의 압박감에서 자매들을 해방시키기 위해 과연 이들이 첫 한 방을 시원하게 날리는 광경을 기대해 볼 수 있을까?

6 장

절망의 외침과
사회 문제

주제에 대해 좀 더 깊이 생각해보기 전에, 자발적이지 않은 모성이라는 여성의 노예화가 초래한 인간의 불행에 대해 좀 더 살펴볼 필요가 있을 듯하다. 이 불행이 몰고 온 끔찍한 결과에 대해 작가, 과학자, 의사, 사회복지사들이 흔히 말하는 것보다 더 많이 알고 싶지 않은가? 그렇다면 여성이 직접 한 말을 들어보는 것이 좋을 것이다. 먼저 건강한 아이들의 행복한 어머니일 수 있는 한 여성을 망가뜨린다는 것이 무슨 의미인지 알아야 한다. 비자발적인 모성애 희생자들의 말을 통해, 육체를 망가지게 하거나 아이를 낳도록 강요하는 것이 여성들에게, 아이들에게 그리고 사회에게 어떤 의미인지 알아야 한다. 이들의 말을 들을 때 행여 법률, 도덕적 규범, 전통, 종교의 가치가 무엇인지를 자문하지 말라. 이것들은 구시대 복종의 교리를 빌미로 여성들의 삶을 망가뜨리고 자식들을 고통, 가난, 질병, 무력함에 빠뜨린 장본인이기 때문이다. 차라리 성노예가 된 여성의 극심한 고통에서 나온 절망의 외침인 이 편지들이 더 많은 아이들을 낳으라고 외치는 선동가, 제국주의자, 성직자들의 입을 막기에 충분할 것이다. 그리고 다른 이들의 고통에 마음이 움직이지 않고 손과 뇌가 자극받아 행동으로 이어지지 않는다면, 자신에게 다음과 같은 다소 이기적인 질문을 해본다. 이 불행한 어머니의 아이들은 그 자체가 사회에 대한 부담, 즉 엄청난 비용과 전체적인 사회적 손실로 나타나지 않을까?

어머니들은 이렇게 애원한다. "나 자신뿐만 아니라 우리 아이들을 위해, 제발 도와주세요! 번식 기계가 아닌 여자가 되게 해주세요." 이렇게 외치는 여성들은 자신과 자녀뿐만 아니라 사회 전체를 위해 간청한다. 이들의 애원은 우리 모두를 위한 것이다. 더 행복한 환경과 더 높은 이상, 그리고 더 강하고 활기 있는 한층 진보된 인류를 위한 간청이다.

여기에 소개하는 편지들은 우리에게 인간 폐기물을 양산하는 국가적 작태를 중단하라고 부르짖는 겸손한 선지자들의 음성이다. 또한 우리가 직면할 수 있는 재난에 대한 경고이기도 하다. 이 경고에 귀를 기울이고 국가라는 집을 정비하지 않으면 우리는 점점 더 깊숙이 나락의 늪에 빠져들 수밖에 없다.

모든 원치 않는 아이들은 궁극적으로 사회가 책임을 져야할 것이다. 사회적 자산이 될 가능성이 있는 아이들은 어머니가 원해서 낳은 자녀들뿐이다. 불행한 어머니들의 이 직관적인 요구를 믿는다면, 그리고 이 요구의 끔찍한 의미와 희망적인 의미를 모두 이해한다면, 오늘날 우리가 직면한 위협적인 사회 문제를 지속적으로 해결할 수 있을 것이다. 모성 본능은 자신의 결실을 보호하는 성향이 있다. 그렇기 때문에 원치 않는 자녀가 아닌 이상 어떤 것을 세상에 자유롭게 전해주려는 여성의 본능은 잘못된 방향으로 갈 리가 없다. 젊은 세대는 항상 진보의 원천이며, 모성은 새로운 세대를 개선하고 강화할 뿐만 아니라 길잡이가 되는 통로다.

이 장에 수록된 글들은 수천 명이 나에게 보낸 편지 내용이 주를 이룬다. 편지의 내용은 여성 개개인의 이야기다. 간혹 문법에 맞지 않고 맞춤법도 틀리지만 거부할 수 없는 이야기가 담겨 있다. 고대부터 비인간적인 도덕적 신념에 휘둘리는 사회에서 무기력해진 사람들이 서서히 죽어가는 이야기로, '죽음이라는 자비'를 위해 기도하는 산 자들의 고통을 낱낱이 보여준다.

더 많은 아이를 낳는 것보다 '차라리 죽기'를 원하는 엄마가 계속해서 다른 아이들을 낳아 사회에 공헌할 수 있을까? 엄마가 두렵고 말로 표현할 수 없는 정신적 고통을 9개월 동안 겪은 끝에 세상에 나온 아이가 교육도 받지 못하고 궁핍하게 성장할 때 세상에 도움이 될 수 있을까? 한 어머니는 다음과 같이 말한다.

선생님이 쓴 글을 읽고 산아제한에 대해 관심이 커졌습니다. 저는 4명의 살아 있는 아이들의 엄마입니다. 맨 처음 낳은 아이는 죽었는데 살았다면 지금 열 살이고, 막내는 이제 22개월 된 아기입니다. 아이들을 돌보고 나면 신경이 예민해지고 몸도 아프답니다. 아이를 낳을 바엔 차라리 죽는 것이 나을 정도로 더 이상 아이를 갖지 않고 싶은데, 어떻게 해야 할지 저에게 조언을 해주셨으면 합니다. 가능한 한 남편과 멀리 떨어져 있고 싶지만, 이것 때문에 말다툼하게 되었고 거의 별거까지 하게 될 지경이랍니다. 아이들은 모두 태어난 지 1년도 안 되어 쇠약증에 걸렸고 작년 여름에는 한 아이를 잃을 뻔하기도 했어요. 저는 항상 아이들이 걱정이 돼요. 남편은 놋쇠 주조공장에서 일하는데, 그리 좋은 직장은 아니고 생활비가 너무 많이 들어서 최대한 허리띠를 졸라매고 살아야 하는 형편입니다. 저희 집은 방 2개와 부엌밖에 없고, 모든 집안일은 제가 다하고 바느질하는 데도 너무 힘이 듭니다.

이 여인은 계속해서 건강을 악화시키고 남편과 다투면서
도 성욕을 억제하며 부자연스럽게 살아갈 수밖에 없는 걸까?
나쁜 건강과 가난이라는 유산을 아이들에게 주었는데도, 공공
의 부담이 될 아이들을 계속 더 낳아야 할까? 아니면 모성이라
는 본능에 따라 자신과 자손, 사회를 이 병폐에서 구하도록 하
는 것이 더 나은 방책일까?

아이가 있는 딸들의 한 어머니는 딸들이 어쩔 수 없이 낙
태를 하게 되었다고 말한다. 이 어머니는 딸들을 노예화와 태
아의 희생에서 구원하기를 바라며 다음과 같은 편지를 썼다.

저는 6명의 아이를 낳아 키웠기 때문에 많은 아이들을 키우면
서 겪는 고충을 누구보다도 잘 압니다. 제 나이는 올해 53세이
며 자식 중에 3명의 딸이 있는데, 모두 아이가 둘씩 있습니다. 얘
들은 아이를 더 낳으면 자기들이 먼저 죽을 것이라고 말합니다.
가끔 의사를 찾아가서 아이를 낙태시킵니다. 저는 아이를 죽이
는 것이라고 생각하지만, 딸들은 대가족과 지옥에서 살 바에는
차라리 죽는 게 낫기 때문에 크게 신경 쓰지 않는다고 말합니
다. 저에게 조언을 주시면 감사하겠습니다.

마거릿 생어와 그녀의 동생인 에델 번이 특별 재판소The Court of Special Services를 떠나면서 몰려
든 지지자들에 둘러싸여 있다.

이 편지에 언급된 여성들의 미래가 미국 종족의 안녕에 어떤 기여를 할 수 있을까? 자신들이 원하는 일을 정확하게 하는 것, 즉 원치 않는 아이를 낳지 않는 것 외에는 달리 방도가 없다. 이 여성들의 본능이 건전한 것은 사실이지만, 반복적으로 낙태하려는 본능에 사로잡혀 있는 이 여성들에게 사회적인 입장에서 뭐라고 말할 수 있을까? 우리는 이 여성들이 자기 자신, 자신의 아이들과 지역사회에 해를 입히는 것과 몸을 상하게 하고 사망에 이르게 할 수 있을 뿐만 아니라 여성의 온화함과 연약함을 죽이는 혐오스러운 수술을 받는 것 사이에서 선택하라고 강요하고 있는 것은 아닐까?

자식을 돌보고 교육하는 데 소홀할 수밖에 없는 중풍 환자의 자녀가 앞으로 자녀를 더 낳는다고 해서 공공선이 나아질 수 있을까? 다음에 소개하는 편지는 마비 질환이 있는 어머니의 사연으로, 이 여성은 밤낮으로 또 다른 아이에 대해 생각하며 괴로워했는데, 그 이유는 아이들을 돌보지 못하고 자기가 아이들 곁을 떠나게 될 것이라 걱정했기 때문이다.

선생님께 잡지 한 부를 요청했지만, 선생님이 저를 도와주실 수 있는지 알기 위해서는 편지를 써야 한다고 생각했습니다.

저는 7년 전 고등학생일 때 일용직 노동자와 결혼했습니다. 몇 달 후면 네 번째 아이의 엄마가 되는데, 결혼한 지 6년이 채 되지 않습니다. 아이를 임신할 때마다 한쪽에 항상 부분적으로 마비 증세가 있었습니다. 원인은 알 수 없고, 의사는 지난번 출산 때 제가 너무 많은 아이를 낳을 수 없는 체질이라 우리 부부는 '더 조심해야 한다'고 말했습니다. 항상 통증이 너무 심해서 마취제를 맞아야 했습니다.

출산 후 3주 정도 도움을 받은 후에야 제 발로 설 수 있었습니다. 가능한 한 열심히 일하려고 하지만 집안일이나 아이를 돌보는 일에 부족할 수밖에 없습니다. 다시 출산하게 된다면, 제 정신은 그렇다 치더라도 과연 몸이 온전할지가 의문이에요.

이 작은 육체들과 영혼들을 돌볼 힘이나 방법도 없이 세상에 내놓는다고 생각하니 끔찍합니다. 그래서 선생님이 저에게 방법을 알려주시거나 그 방법을 어디서 찾을 수 있는지를 가르쳐 주시지 않으면 저는 마음을 놓을 수 없습니다. 출산할 때마다 몸은 점점 더 허약해져서 이번이 마지막이어야 한다는 것을 잘 알고 있습니다. 더 많은 아기들을 세상에 방치하는 것보다 아예 낳지 않는 것이 더 낫기 때문이지요. 저는 걱정으로 밤에 잠을 이룰 수가 없습니다. 저 같은 여자들을 위해 답변을 해주실 수 있나요?

앞에서, 우리는 정신 질환이 있는 사람들이 얼마나 위험한지 잠시 살펴본 적이 있다. 여기에 정신적으로 장애가 있는 아이의 수를 늘리지 않기 위해 도움을 청하는 여인이 있다.

저에게는 4명의 아이가 있는데, 가장 어린 아기는 생후 10개월밖에 되지 않았습니다. 장애가 있는 가장 큰 아이는 일곱 살인데 아기보다 손이 더 많이 갑니다. 저희는 가진 집도 없는 데다 할 수 있는 것이 아무것도 없어서 죽고만 싶은 심경입니다. 이번 한 번만 저를 도와주시고 다음에는 제가 스스로 할 수 있는 방법을 알려주세요. 문제를 어떻게 해결해야 할지 몰라서 이런 상황까지 왔습니다. 어떻게 하면 저 자신을 되찾을 수 있을지 확신이 서지 않습니다. 선생님의 도움을 간절히 바라며, 선생님이 엄청난 일을 하시는 데 어떻게든 저도 도움이 되고 싶습니다. 이번만 도와주시기 바랍니다. 이렇게 도움을 청할 수 있어서 다행입니다.
저는 아이를 낳을 때 너무 힘들었는데, 첫째 아이를 돌보느라 너무 신경을 많이 써서 더 이상 장애가 있는 아이를 낳기가 두렵습니다. 제발 도와주세요!

유전적 정신질환을 가진 가정[Jukes]에 75년 동안 여러 방식으로 투입된 공적 비용은 130만 달러나 된다. 우리는 그런 가족을 더 원하는가? 이 여성이 공공복지의 파수꾼 역할을 하고 있는가? 이 여성이 낙태라는 허망한 호소를 하기 전에 피임 기구의 사용을 허가받았다면, 그녀는 자신뿐 아니라 이웃 시민들에게도 도움을 주지 않았을까?

미국에서 결핵 퇴치를 위해 매년 수백만 달러가 투입된다. 결핵으로 인한 질병 및 사망과 관련된 국가적 낭비는 수십억 달러에 이른다. 그렇다면 이 상황의 인도적인 측면은 말할 것도 없고, 다음에 소개하는 편지의 주인공이 결핵 환자의 수를 계속 늘리도록 하는 것은 과연 바람직한 일일까? 결핵에 걸린 아이를 낳지 않으려는 어머니의 본능과 '폐결핵' 피해자를 인구 조사에 반드시 포함하도록 하는 법 중 어느 쪽이 공공복지에 도움이 될까? 편지의 내용은 다음과 같다.

선생님께 이런 글을 쓰게 되어 폐가 될지 모르지만 양해해 주시기 바랍니다. 하지만 지인을 통해 이야기를 듣고 선생님이야말로 저를 도와주실 분이라는 것을 알게 되었습니다. 사람들이 선생님처럼 세상을 바라본다면 이 세상은 건강해질 겁니다. 저는 18세 때 처음 결혼했는데 남편은 주정뱅이였습니다. 곧 다섯 아이의 엄마가 되었고, 남편은 1908년에 폐결핵으로 사망했습니다. 첫째와 둘째 아이를 같은 병으로 잃었는데, 한 아이는 16세였고 다른 아이는 23세였습니다. 지금 요양원에 누워 있는 19세의 꽃다운 예쁜 막내딸은 언제 우리 곁을 떠날지 모릅니다. 이 아이의 언니와 오빠도 건강 상태가 아주 좋지는 않습니다.

저는 언제나 열심히 일했습니다. 그래야만 했으니까요. 1913년에 재혼을 했습니다. 남편은 좋은 사람이지만 막노동자여서, 아이를 낳으면 무슨 일이 생길까 하는 걱정과 두려움이 사라지지 않습니다. 저는 이번 달에 46세가 되고 이제는 건강도 좋지 않습니다. 그래서 어떻게 제 자신을 돌볼 수 있을지를 가르쳐 주신다면, 그건 신의 은총과도 같을 겁니다. 그래야 제가 고통에서 벗어날 수 있고 이 땅에서 고통받다 죽을 생명을 낳지 않을 수 있으니까요.

아무리 막무가내인 독불장군이라도 어리석은 여자에게 계속해서 아이를 낳게 함으로써 우리 사회에 미치는 오늘의 위험과 인류에 미치게 될 내일의 위험을 방관할 수는 없을 것이다. 이번 편지는 두 가지 측면을 잘 보여주는 사례다. 즉 주기적인 정신질환으로 인해 판단력이 흐려진 상황에서도 모성애가 어떻게 자신과 사회를 보호하는지, 사회는 어떻게 모성의 완성을 방해하는지 잘 보여준다.

우리 마을에 이미 6명의 자녀가 있으면서 또 다른 아이를 임신한 여자가 있습니다. 여자가 아이를 출산한 직후 정신이 나가 미쳐 날뛰자, 마을 사람들은 여자를 정신 병원으로 보냈습니다. 병원에 있는 동안 이웃 사람들이 번갈아 가면서 그 집 아이들을 돌봤습니다. 약 6개월 후 여자는 퇴원해서 집으로 돌아와 몇 달 만에 다시 임신했지만, 의사들은 해줄 것이 아무것도 없다고 합니다. 그녀는 원래 교양 있는 여성이기도 하고, 자신도 더 이상 아이를 갖지 않으면 이 미친 마법에서 온전히 벗어날 수 있다고 확신하고 있습니다.

선생님이 제게 책자를 한 권 보내주시면, 제가 그 여인에게 전해주고 비슷한 처지에 있는 사람들에게도 전달하겠습니다. 제 부탁을 들어주시기 바랍니다. 기다리겠습니다.

'매독'이라는 병은 이 병의 공포를 잘 아는 사람에게는 충격 그 자체다. 피해자 자신이 고통스러운 것은 물론이고 다른 사람들을 감염시킬 위험이 있을 뿐만 아니라, 매독을 물려받은 자식에게는 무력하게 전해진 끔찍한 유산이며, 사회적으로는 모든 '전염병' 중에서 가장 파괴적이라 할 수 있다. 다음 편지는 국가적인 손실과 피임에 대한 지금의 공공 정책을 비판하는 내용으로 반박이 불가능할 정도다.

제가 14세 때 아버지가 돌아가셨습니다. 저는 5남매 중 장녀였습니다. 어머니는 식구를 부양할 수단이 달리 없었기 때문에 몸으로 하는 일을 했고, 우리들도 제각기 맡은 일을 열심히 해야만 했습니다. 저는 건강한 편이 아니어서 집에서 동생들을 돌보는 일을 했고, 어머니는 저보다 더 많은 돈을 벌 수 있었기 때문에 대부분의 시간 동안 일을 하셨습니다.

결국 어머니는 너무 지치고 많은 자식을 위해 생계를 꾸려가기 힘들어지자, 2년 후에 다시 결혼했습니다. 그런데 가난한 사람과 결혼을 해서 자녀인 우리들의 형편은 나아지지 않았습니다. 저는 17세가 되던 해에 저보다 열한 살 많은 철도 노동자와 결혼했습니다. 남편은 술을 자주 마시지는 않았지만 몸이 아주 허약한 사람이었습니다. 그러나 세상 물정을 전혀 몰랐던 저는 아무 일도 하지 않았고, 그저 저 자신과 남편만을 생각하며 살았습니다. 결혼한 지 11개월 만에 여자아이를 낳았지만 저는 더 이상 아이를 원하지 않았습니다. 그런데 시어머니가 아이를 더 낳지 않고 사는 것은 크나큰 죄악이고 신만이 제가 돌볼 아이를 정해서 보내주신다고 말했습니다. 이것이 좋지 않다는 말은 들었지만, 거부할 시도조차 하지 않았습니다.

저는 11개월 만인 10월 25일에 작은 여자아이를 더 낳았습니다. 그리고 23개월이 지난 후인 9월 25일에 3.2킬로그램의 사내 아이를 낳았습니다. 10개월이 지난 7월 15일에는 임신 7개월 만에 아기가 태어났지만 5시간밖에 살지 못했습니다. 11개월이 지나고 6월 20일에 여자아이를 더 낳았고, 17개월 뒤인 11월 30일에 사내아이를 또 낳았습니다. 11개월 후에 아이를 가졌지만 4개월 만에 유산되었습니다. 그래도 12개월 후에 여자아이를 더 낳았고 3년 6개월 뒤에도 여자아이를 더 낳았습니다.

우리 아이들은 모두 가난할 때 태어났습니다. 아버지의 건강 상태는 항상 좋지 않고, 셋째 딸아이가 태어났을 때 남편은 무능해서 직장에서 해고되었습니다. 그래도 아이는 계속 낳고 싶어 했습니다. 첫째 아이가 열두 살이 되었을 때 아이들 아빠는 뇌진탕으로 사망했는데, 막내는 아빠가 세상을 떠난 뒤 2개월 후에 태어났습니다.

생어 여사님, 저는 이제 아이들을 원하지 않습니다. 왜냐하면 제가 아무리 무지해도, 아이들을 직접 돌볼 수 없고 다른 사람이 그 일을 대신하게 할 수 없으면, 아이들을 무작정 낳을 수 있는 권리도 없다는 것을 잘 알고 있기 때문입니다. 아이가 태어나면 죽게 해달라고 기도하고 또 기도했습니다. 기도는 아무 도움이 되지 않았고, 현재는 일곱 아이의 엄마입니다. 과거에는 어려서 아무것도 몰랐지만, 저는 책을 읽고 충분히 공부도 해서 아빠가 매독 환자였는데도 아이들을 낳음으로써 큰 죄를 지었다는 것

또한 알게 되었습니다. 딸 하나는 이미 매춘업의 희생양이 되었고, 아들 녀석 하나도 멕시코에 가기로 되어 있습니다.

저는 작은 대학가에서 아이들을 키웠습니다. 마을을 잘 알고 있는 편인데, 아이들을 키우며 생계를 이어가기 위해 대학가에 사는 사람들의 가사일을 도왔기 때문입니다. 교육을 잘 받고 부유한 사람들은 왜 아이를 많이 낳지 않는지 늘 궁금했습니다. 딸 하나가 결혼을 했는데 결핵에 걸렸고, 이 아이한테도 딸이 둘 있는데 연년생입니다. 이게 마음에 걸려서 제 아이에게 정보를 보내주십사 하고 이렇게 선생님께 편지를 씁니다. 부인께서 하는 좋은 일을 멈추지 마세요. 많은 사람들이 감사하게 생각하고 있습니다. 위험을 무릅쓰고서라도 부인의 도움을 받고 싶어 하는 저 같은 빈곤층 여자들이 많기 때문입니다.

이 외침을 계속 되풀이할 필요는 없다. 이와 같은 편지들이 수천 통이나 내게 왔으니 말이다. 책을 여러 권 쓸 수 있을 정도로 많다. 편지에는 개인의 비극과 사회에 대한 경고가 담겨 있다.

오늘날 우리가 치료하려는 모든 병폐가 이 편지들에 반영되어 있다. 원치 않는 성욕을 억제하기 위해 남편을 매춘가로 몰아넣은 아내, 사회 문제로 금지될 수도 있는 습관성 음주, 어머니가 제분소에서 노역하고 있고 아이들이 어머니의 노동을 따라 할 수밖에 없는 환경, 8세, 10세, 12세 또는 15세의 자녀가 영양실조에 걸려 허약해진 탓에 사회에 여러 종류의 공적 부담을 안겨준 어머니 등과 함께, 이 편지들에는 지금까지 존재해 온 경제적 문제가 고스란히 드러나 있다. 그리고 궁핍한 상태로 살아가야 하는 대가족이 두렵기 때문에 결혼하지 않는 여성들과 같은 이유로 비정상적인 삶을 사는 남자들에 대한 이야기가 있다.

오늘날의 모든 사회적 장애와 악행이 이 편지들을 채우고 있다. 각각의 편지에 다음과 같은 시대적 과제가 부각되어 있다. 첫째, 억압받는 모성은 이러한 악에 대한 치료가 산아제한에 달려 있다는 사실을 알고 있다. 둘째, 사회는 모성이 어머니와 자녀, 공동의 이익과 다음 세대의 파수병 역할을 하게 할 수 있다는 것을 미처 깨닫지 못했다. 편지를 읽고 그 중요성을 깨닫는 사람은 이와 같은 상황이 과연 얼마나 오랫동안 지속될지 궁금할 수밖에 없을 것이다.

7 장

언제 출산을
피해야 하는가?

어머니에게 지워진 과도한 짐이 피임이나 낙태에 대한 호소로 정당화될 수 있을까? 앞 장에서 소개한 편지를 쓴 여성들에게 우리는 뭐라고 말할 수 있을까? 편지를 읽고 나서, 누가 감히 이 여성들에게 무력한 아이들을 계속 낳아서 세상에 점점 더 많은 불행을 떠넘겨야 했냐고 말할 수 있을까?

도움을 요청하는 여자들은 무지의 희생양들이다. 이제 이들이 무지에서 깨어나 도움을 요청하고 있다. 이렇게 뒤늦게 피임을 요청한 사람들에게 성 기능에 대한 지식이 허락되었다면, 그리고 모성에 대한 주된 원칙이 있었다면, 그들은 모든 장벽을 허물고 오래전에 해결책을 구했을 것이다. 낙태를 간청하는 사람들은 이 같은 상황을 겪어본 적이 없었을 것이다.

이 여성들에게 스스로 감당할 수 없는 출산을 계속해야

한다고 말하는 것은 어리석고 잔인한 일이다. 책의 앞부분에서 설명한 사실들과 앞 장에서 소개한 편지들을 통해 울려 퍼진 여성의 울부짖음은 여성이 출산을 거부하는 것이 가장 고귀한 의무일 때가 있었다는 충분한 증거가 되고도 남을 것이다.

여성이 언제 아이를 가져선 안 되는지를 판단하는 문제에 대해 의료 당국 간에 큰 견해 차이가 있던 것으로 보인다. 이와 같은 의견 불일치는 사회학자들이 떠들어 대는 목소리로 인해 훨씬 더 혼란스러워졌다. 그러나 지난 몇 년 사이에 이 주제가 많이 조명된 덕분에 이제는 잘 확립된 결론을 의심스럽거나 명백히 무의미한 결론과 구분하기가 비교적 쉬워졌다. 이번 장의 견해들은 원래 내 개인적인 견해가 아니라, 심도 있고 세심하게 조사한 의료 당국의 견해들이다. 그렇지만 내가 직접 연구하고 정확하게 입증하지 않은 것은 여기에 제시하지 않았다. 처음 접하는 전문가라도 쉽게 확인할 수 있는 사실 외에도 연방아동국의 자료, 영아 사망률과 수집 비율을 검토한 다른 기관의 조사 결과는 무게감을 더한다.

아이를 갖기를 원하는 여성에게 우리는 언제 임신하면 안 되는지에 대해 답변을 제시해야 한다. 마지막 아이가 태어난 후 2~3년 안에 출산하는 것을 피해야 한다. 상식과 과학은 어머니가 출산 후 태어날 아기에게 적절할 영양분을 공급하기 위해서는 기력을 회복하고 시스템을 복원하는 데 최소한 이 정도의 시간이 필요하다고 입을 모아 말한다. 당국은 여성이 지나치게 자주 출산하면 건강을 해친다고 계속 경고한다. 여자가 너무 자주 아이를 낳으면 생식 기관의 기능이 현저하게 떨어지고 골반 질환이 생길 수 있기 때문이다.

어머니와 아버지 중 한 명이 결핵, 임질, 매독, 암, 간질, 정신이상, 알코올중독 및 정신 장애와 같은 질병에 걸렸을 때 아이를 가지면 절대 안 된다. 어머니의 경우 심장병, 신장 문제 및 골반 변형 역시 출산의 심각한 장애 요인이다. 부모 중 한 명 또는 둘 다 위에 언급한 질병에 걸렸을 때, 아이를 갖는 어머니와 그 자녀가 얼마나 위험한지 의사들은 수많은 책을 썼다. 전문가들이 관련된 많은 책에서 지적했듯이 감옥, 정신 병원, 보육원, 매음굴 등은 이런 부모에게서 태어난 아이들로 가득 차 있는가 하면, 많은 아이들이 사산되거나 유아기에 사망한다.

이 사실은 너무나 잘 알려져 있기 때문에, 여기서 더 논의할 필요가 없을 듯하다. 유산은 매독과 골반이 기형인 경우 특히 흔하게 나타나는데, 어머니의 건강과 심지어 생명에 큰 위험 요인이 될 수 있다. 부모 중 한쪽이 임질에 걸리면 아이는 장님으로 태어날 위험이 있다. 부모가 결핵을 앓고 있다면 아이에게도 결핵이 유전될 가능성이 크다. 출산은 결핵에 걸린 산모에게도 매우 위험하다. 정신병뿐만 아니라 정신이상 기질도 아이에게 옮아갈 수 있고, 부모 중 한 명이 정신이상이거나 정신 질환을 앓고 있는 경우 아이에게 지적 장애 증세가 나타날 수 있다. 부모 중 한쪽 또는 둘 다 알코올중독인 경우 심신 미약의 원인이 될 수 있으며, 아이가 이들 질환에 저항하기에는 너무 허약한 체질로 태어날 수 있다.

부모가 건강해도 자녀들에게 신체적 또는 정신적 결함이 있다는 것을 알게 되면 아이를 더 낳아서는 안 된다. 아무리 자식을 원한다고 해도, 누구도 아이를 이 세상으로 데려와 정신·육체적 고통을 겪게 할 권리는 없다. 아이에게 불행한 삶이라는 선고를 내리고 사회에 아이를 돌보는 부담을 부과하는 것이며, 아마도 여러 세대에 걸쳐 사회에 결함이 있는 후손들을 맡겨야 할지도 모른다.

일반적으로 여자는 22세 이전에 아이를 낳아서는 안 된다. 25세가 될 때까지 기다리는 것이 좋다. 22세 미만 산모의 높은 영아 사망률이 이를 증명한다. 어머니 입장에서 볼 때 육체적으로나 정신적으로 충분히 성숙해야 하는데, 아이를 출산하고 돌보다 보면 육체와 정신의 발달이 저해되기 때문에 출산을 미루는 것이 매우 바람직하다. 25세 정도의 여자가 낳은 아이는 좋은 육체·정신적 능력을 갖출 가능성이 가장 높다. 이것은 아이에게 매우 중요하다.

간단히 말하면, 여성은 자신과 남편의 육체·정신적 상태가 자녀에게 해로운 영향을 미치지 않는다는 확신이 없으면 아이를 가져서는 안 된다. 이것이 자녀들에게 좋은 보살핌, 충분한 음식, 적절한 옷, 살기에 적합한 환경 그리고 최소한의 공평한 교육을 받을 수 있도록 보장하고 싶은 여성들에게 해주고 싶은 말이다.

여성 근로자이자 한 남자의 아내이며, 노동자의 어머니인 여성이 아이를 갖지 않아야 할 때를 알길 원한다면 분명 지금까지와는 크게 다른 중요한 측면을 고려해야 한다. 이러한 여성은 자신의 질문에 스스로 답해야 한다. 점점 더 많은 아이를 요구하다가 정작 아이들이 태어나면 더 적은 것을 내어놓는 사회에 여성 자신이 어떤 대답을 할지는 다른 누구의 말보다 훨씬 더 중요하기 때문이다.

이들 여성은 오로지 자신의 육체를 생식 기계로 간주하고 그 결실을 마구잡이로 낭비하는 사회에 뭐라고 말할까? 사회는 이들 여성의 자식을 소중하다고 생각할까? 수십만 명의 자녀를 빈곤과 기아, 예방할 수 있는 질병 등에 죽도록 내버려 두는 것은 아닌가? 자녀들을 육체적으로나 정신적으로 성장하지 못하게 하는 공장, 제분소, 광산, 상점으로 보내지 않을까? 아이들을 어머니나 아버지의 경쟁자가 될 수도 있는 노동 시장에 내몰지 않을까? 남부의 아이들이 공장을 채워 어머니와 나란히 일하고, 아버지가 집에 남아 있는 상황이 연출되지 않을까? 아이가 생계를 위해 어머니, 아버지와 매일 경쟁하는 경우도 발생하지 않을까? 사회는 이들을 빈민가에 몰아넣지 않을까? 소녀들은 매춘으로, 소년들은 범죄로 몰아가지 않을까? 자유로운 영혼을 가진 남성과 여성이 되기 위한 교육은 할까? 어릴 적에 살기 좋은 장소, 잘 어울리는 옷, 몸에 맞는 음식, 놀기 좋은 깨끗한 장소를 제공하기는 할까? 사회는 과연 어머니가 자신의 아이를 보살피도록 할 수 있을까?

여성 노동자는 사회가 자신의 아이를 어떻게 대할지를 안다. 형언하기 힘든 고통 속에서 배운 쓰디쓴 진실을 알고 있는 여성은 사회에 무슨 말을 해야 할까? 이것은 여성의 선택에 달려 있다. 여성은 세상에 더 많은 아이들을 데려와서 이 상황을 영속시킬 수도, 아니면 재난만 양산하는 이 잔인한 공장으로 아이들이 가는 것을 막을 수도 있다.

여성은 자신이 감내한 불행을 계속 배가시킬 것이라고 사회에 말할 것인가? 아이들을 고통스럽게 만들고 결국 죽음으로 몰고 가는 출산을 계속 이어갈 것인가? 차라리 모성에 더 높은 가치를 부여할 때까지 여성은 어머니가 될 수 없다고 말해야 하지 않을까? 공익을 위해 어머니의 본능을 희생하지 말고 아이들이 노동 시장에서 상품보다 더 나은 존재로 여겨질 때까지 더 이상 참지 않을 것이라고 말해야 하지 않을까? 이제 여성은 소가족에 대한 바람을 포기하지 말고, 아이들이 살기에 적합한 세상을 만들 때까지 아이를 낳지 않을 거라고 사회에 말해야 하지 않을까?

8 장

피임, 부부의 문제인가
여성만의 문제인가?

산아제한이라는 문제는 페미니즘 정신이 속박에서 벗어나려는 과정에서 발생했다. 여성은 번식 능력을 통해 자신을 노예화하는 한편, 세상 사람들마저 속박하게 되었다. 우리가 해결해야 할 것은 여성이 겪는 육체적 고통이다. 지나친 다산의 어두운 그림자 속에서 가장 먼저 사라진 것은 여성의 성생활이다. 인류의 미래는 여성에게 달려 있다. 인류가 번창할지 아니면 쇠퇴할지 여부는 여성에게 달려 있는 것이다.

이 모든 상황을 고려해 볼 때 한 가지 사실은 분명하다. 바로 자유라는 수단을 갖는 것은 여성의 의무이자 기본적인 인권이다. 남자들이 어떻게 나오든, 여자는 자신의 자유에 대해 스스로 책임져야 한다. 여자들은 오랫동안 이 의무를 이행할 기회를 박탈당했다. 그러나 이제 서서히 무력감에서 벗어나기 시작했다. 과중한 짐 때문에 아무리 힘겨워도, 어머니는 이 고통을 다른 이와 분담할 수 없으며 누구도 대신할 수 없다. 다른 이들이 줄 수 있는 것은 도움뿐이다. 여성이 직접 해야 한다.

세상의 가장 근본적인 자유는 여성의 자유다. 자유로운 인류는 노예나 다름없는 어머니에게서 태어날 수 없다. 속박당한 어머니는 아들과 딸들에게 어느 정도의 속박을 물려줄 수밖에 없다. 자신의 육체를 소유하고도 통제하지 못하는 사람은 스스로 자유롭다고 말할 수 없다. 어머니가 될 것인지 말 것인지 여부를 의식적으로 선택할 수 있을 때까지 어떤 여성도 자유롭다고 말할 수 없다.

상황이 크게 달라지지는 않는데도 생계를 유지하기 때문에 자유롭다고 말하는 여성이 있는가 하면, 성관계의 관행을 부정하기 때문에 자유롭다고 외치는 여성도 있다. 생계를 직접 꾸리는 여성의 자유가 저평가되어서는 안 된다. 하지만 성교를 할지 말지, 즉 어머니가 될지 말지를 구속받지 않고 자유롭게 선택할 수 있는 것이 질적으로나 양적으로 훨씬 더 중요하다. 생계를 유지하는 여성은 적어도 배우자의 자비를 구하지 않고 음식과 의복, 안식처를 얻지만, 그렇다고 해서 내면의 성적 욕구가 진전되는 것은 아니다. 내면의 욕구를 발전시키

**뉴욕시의 맥알핀 호텔에서 열린 제6회 연례 신맬서스
주의 및 산아제한 컨퍼런스에 모인 지도자들**
(왼쪽부터 오른쪽으로) 에드워드 포릿, 리처드 빌링스,
조지 데이, 컨퍼런스를 주최한 영국의 드라이스 데일
박사, 줄리 B. 러블리(부회장), 마거릿 생어(회장), 루
이스 F. 델라필드(부회장), 로버트슨 존스, 앤 케네디,
프란시스 애커먼, 덱스터 블래그든.

기 위해서는 모성의 문제를 해결해야 하기 때문이다.

소위 '자유로운' 여성은 관습을 무시하고 상대를 선택한다. 이 경우 자유는 주로 기질과 대담함의 문제다. 배우자를 제약 없이 선택하더라도, 여성은 여전히 생식 능력을 통해 노예가 되는 위치에 있다. 실제로 직접 선택한 남자와 결혼한 운 좋은 여자보다, 결혼하지 않았다는 이유로 가해지는 법과 관습에 압력받는 여자가 스스로를 노예로 만들 가능성이 더 커 보인다.

그러나 어떤 관점에서 보든, 어떤 해결책을 제시하든, 법의 제재를 받든 무시하든, 여성은 어머니가 되어 자신이 직접 자녀의 수를 조절할 수 있을 때까지 근본적으로 남성과 같은 위치에 있다는 것을 알아야 한다. 이 불가피한 상황은 무엇보다도 여성의 과제인 산아제한을 할 때 해결이 가능하다. 표면적으로 볼 때, 이 문제의 핵심인 자발적인 모성이 여성의 가장 큰 관심사다.

성적 표현은 두 사람의 행위이기 때문에 결과를 통제하는 책임을 여성에게 전가해서는 안 된다는 주장이 지속적으로 제기되었다. 그렇다면 남자보다 신체적으로 취약한 여자가 모든 성관계의 상황에서 스스로를 보호하기 위해 일상적이고 반복적인 불편을 떠안는 것은 과연 공평한가?

우리는 두 가지 관점, 즉 이상과 그 이상을 향한 조건에서 이 문제를 검토해야 한다. 이상적인 사회라면 산아제한은 의심할 여지 없이 여성과 남성 모두의 관심 대상이 될 것이다. 오늘날 우리가 당면한 힘들고 피할 수 없는 현실은 남자들이 여기에 전혀 책임지지 않으려 할 뿐 아니라, 개인이나 집단 차원에서 여성 스스로 책임질 수 있는 지식조차 얻지 못하도록 하고 있다는 점이다. 오늘날에도 여성은 여전히 의존적인 위치에 있다. 배우자의 의지와는 별개로 한 개인으로서 인정받지 못하기 때문이다. 과거에도 이 문제에 대한 해결을 남자들에게 맡겼기 때문에 여전히 남성에게 얽매여 있다. 그런 탓에 여성에게는 권리가 없고, 애원하기, 꼬드김, 속임수 등을 통해 얻은 특권만 갖게 되었다. 해결책을 남성에게 맡긴 여성은 이용당하고 혹사당하며, 남성의 욕망을 충족시키는 노예가 되었다.

남자들 역시 많은 악행을 겪고 있는 것이 사실이지만, 여자들이 훨씬 더 큰 고통을 겪고 있다. 남자는 이 악행의 원인을 자각해야 하지만, 이 악행은 매일 엄청난 힘으로 여자를 짓누른다. 오랫동안 원치 않는 아이들을 임신하고 낳고 양육하는 존재는 바로 여자였다. 이 악행이 혼잡한 집에 슬그머니 들어온 탓에, 아이들이 침대에서 고통받는 것을 곁에서 지켜봐야 하는 사람도 여자였다. 기형아와 정신지체아, 영양실조에 걸린 아이, 과로한 아이를 가장 먼저 보고 가장 많이 힘들어하는 것이 어머니의 마음이다. 여성의 성생활은 원치 않은 임신에 대한 두려움 때문에 가장 먼저 식는다. 이 때문에 여성의 자기표현을 위한 기회도 가장 먼저 절망적으로 사라져버린다.

이론이 아닌 상황, 꿈이 아닌 현실이 이 문제를 좌우한다. 상황과 현실의 부담이 여자의 어깨를 짓누른다. 남자 역시 이 문제에 도덕적 책임을 져야 하지만, 여자는 남자가 책임을 다하지 않는다는 것을 알고 있다. 개인적으로는 남편이 사랑스럽고 사려 깊은 사람이지만, 다수에 속하여 법을 제정하고 관습을 정할 때는 기대할 바가 없다는 것을 알고 있다. 무엇이 바람직한지와 관계없이, 여성은 자신의 힘으로 움켜쥘 때까지 결코 자유를 누릴 수 없을 이 잔인한 현실에 대해 잘 알고 있다.

여성은 현실에 대해 많이 배웠지만, 아직 배울 것이 더 많다. 여성은 남성의 뒤를 따라가려는 경향이 있다. 남성들이 생각하는 대로 생각하려고 하며, 전체적인 삶의 문제도 남성의 해결 방식을 따르려고 한다. 자유를 획득한 뒤에도 여성은 정치, 산업, 예술, 도덕 및 종교 영역의 문제를 받아들일 때, 그저 남성 중심의 세상을 그대로 따르려고 할 것이다. 하지만 여자는 남자의 일을 할 필요가 없다. 남자가 생각하는 대로 생각할 필요도 없다. 여성은 세상을 지배하는 남성 정신이 자신을 돌보지 못할 것도 걱정할 필요가 없다. 여성의 사명은 남성 정신을 강화하는 것이 아니라 페미니즘 정신을 표현하는 것이며, 남성이 만든 세상을 보존하는 것이 아니라 모든 세상의 활동 영역에 페미니즘적인 요소를 불어넣어 인간다운 세계를 창조하는 것이다.

여성은 매사를 순순히 받아들여서는 안 된다. 도전 의식을 가져야 한다. 주변을 둘러싸고 있는 것들에 압도당해서는 안 된다. 자기표현을 갈구하는 내면의 무언가에 경외심을 가져야 한다. 여성의 눈은 현재 있는 그대로보다 미래에 되기 바라는 것을 더 명확하게 볼 수 있어야 한다. 여성은 남성 위주 사회의 독단적 견해를 경청하면서 솔직하게 의문을 가질 수 있어야 한다. 새롭고 자유로운 행동 방침을 결정할 때, 자신의 견해, 즉 자기의 직관에 비추어 볼 수 있어야 한다. 그래야만 여성에게 굴레를 씌운지도 모른 채 갇혀 있는 배우자도 그 굴레에서 벗어나게 할 수 있다. 또한 남성에게 여성을 구속하면서 잃었던 자신을 되찾아 줄 수 있다. 그렇게 함으로써 여성은 세상을 재창조할 수 있다.

진정으로 세상을 다시 만드는 존재는 여성이며, 세상을 건설하고 재창조하는 것도 여성이다. 여성이 스스로 페미니즘 요소를 억압했기 때문에 산업, 예술, 학문, 과학, 도덕, 종교 및 사회적 교류가 빈약해졌지만, 이 모든 것을 풍요롭게 하는 존재도 여성이다.

여성에게는 자유가 있어야 있다. 그러려면 어머니가 될 것인지 말 것인지, 아이를 몇 명 가져야 할지를 선택할 수 있는 근본적인 자유가 있어야 한다. 남성의 태도가 어떻든 관계없이, 이것은 여성의 문제다. 남성의 문제가 되기 전까지는 여성만의 문제다.

여성은 아기가 태어날 때마다 혼자서 죽음의 계곡을 넘나든다. 남성이든 국가든 이 시련을 강요할 권리는 없으며, 시련을 감내할지 결정하는 것은 여성의 권리다. 이 결정권은 결정을 내리고 실천하기 위해 지식을 향해서 나아갈 의무를 여성에게 부과한다.

산아제한은 여성의 문제다. 여성이 이것을 자신만의 문제로 받아들이는 시점이 빠를수록 사회는 그만큼 빨리 모성을 존중할 것이다. 이뿐만 아니다. 세상은 그만큼 빠르게 여성의 자녀들이 살기에 좋은 곳이 될 것이다.

9 장

금욕, 실용적인가
바람직한가?

여성이 아이를 갖지 않는 것이 가장 고귀한 의무였던 시대에 대다수 선량한 사람들은 금욕을 피임의 한 가지 수단으로 옹호했다. 그러나 금욕이 어떤 것인지에 대해서는 의견이 분분하다. 어떤 이들은 절대적인 성욕 억제를 염두에 둔다. 수 주일에서 수년까지 여러 다양한 시기의 금욕을 주장하는 이들도 있다. 그런가 하면 여전히 남성의 금욕 또는 소위 카레자 Karezza(오르가슴과 사정이 없는 성교)를 떠올리는 이들도 있다.

의사와 성 심리학자들은 절대적 금욕의 실행이 대부분 인류에게 불합리하다고 생각한다. 절대적 금욕을 실천하면, 출생률이 가장 효율적으로 억제될 것이라는 점은 의심할 여지가 없다. 그러나 절대적 금욕이 제대로 실행되는 경우는 극히 드물며, 강요에 의해 실행될 때는 일반적으로 신경계 손상뿐 아니라 전체적인 건강도 손상된다. 건강한 사람 중에서도 이 방법을 자주 경험한 경우는 흔치 않으며, 상상조차 하기 힘든 수준의 정신 통제가 가능한 사람들만 실행이 가능하다.

다른 장에서도 살펴보겠지만, 절대적 금욕은 초기 기독교 교회에서 성체를 받은 사람에게는 최고의 이상이었다. 이제 교회가 어떻게 이 규범을 버리고 미혼자인 사제와 수녀로 독신 교리를 한정시켰는지에 대해 알아보고자 한다.

금욕은 모든 시대에 걸쳐 일부 예술가, 선전가, 혁명가들이 실천해 왔다. 자신의 목숨을 건 일에 정신을 집중하고, 이들의 존재가 모든 힘을 한 방향으로 기울일 수 있도록 하기 위함이었다. 간혹 가족을 돌보는 부담에서 벗어나기 위해 성직자처럼 독신으로 남아 있는 경우도 있었다.

성직자인 토머스 로버트 맬서스[1] 박사는 '맬서스주의'라는 교리가 담긴 첫 번째 저서를 1798년에 발표했으며, 중년기까지 독신 또는 절대적 금욕을 하도록 주장했다. 맬서스는 인구가 식량 공급보다 빠르게 증가하는 경향이 있어서, 무제한 번식은 국가에 빈곤을 비롯한 수많은 악을 가져다준다는 원칙을 제시했다. 그가 말하는 신학적 훈련은 본래 금욕을 선호하

---

1 토머스 로버트 맬서스Thomas Robert Malthus ; 1766-1834

마거릿 생어의 여성과 새로운 인류

는 경향이 있었다. 실행 측면에서는 그다지 효과적이지 않았지만, 아마도 금욕이 실행 가능한 유일한 방법이라고 믿었기 때문으로 보인다.

종교적 열정, 대의명분에 대한 헌신 또는 창작을 위한 희생으로 수년 아니 평생 순결을 유지하며 사는 사람들이 있다는 사실을 알지 못한다면, 우리는 절대적인 진리를 모르고 지나칠 수 있다. 이처럼 성욕을 다른 창조적 형태로 변환할 수 있는 사람들의 수가 늘고 있는 것은 명백한 사실이다. 그러나 이것은 우리가 관심을 가질 문제가 아니다. 정작 문제가 되는 것은 일종의 강압에 의해 금욕을 행하는 집단이다.

할 수 없거나 하고 싶어 하지 않는 이들에게 금욕을 강요한 결과는 어떨까? 이 질문에 의학계 대다수와 통계 자료는 일치한 의견을 보인다. 강요된 금욕은 해롭고, 크게 해로운 경우도 많다고 말이다. 루트거스[2] 박사는 저서 『인종 개량 *Rassenverbesserung*』에서 다음과 같이 주장한다.

생리학에서 인간의 모든 기능은 어느 정도의 통제를 거쳐 힘과 효율성을 얻지만, 지나치게 오랫동안 욕망을 억제하면 병리학적 장애를 일으

2   J. 루트거스Johannes Rutgers ; 1850-1924

키고 때에 따라 인간을 무력하게 한다고 가르친다. 특히 여성의 경우 성적 금욕이 너무 오래 지속되면, 그 영향으로 큰 장애가 발생할 수 있다.

이 모든 것은 성인 연령의 사람들에게 해당된다. 특정 연령 미만의 어린 남녀의 경우 통계와 의학적 견해가 유사하게 나타났는데, 대부분의 경우 미래의 행복에 꼭 필요한 것처럼 보이는 금욕을 적극 권장한다. 인체를 식별하는 베르티옹 시스템을 발명한 것으로 유명한 프랑스의 베르티옹[3] 박사는 아마도 이 분야에 대해 가장 철저하게 연구했다고 할 수 있다. 그는 20세가 되기 전에 결혼한 소년의 사망률이 매우 높다는 것을 입증했다. 독신인 프랑스 젊은이들의 평균 사망률은 1,000명당 14명에 불과한 데 반해, 결혼한 젊은이의 경우는 1,000명당 100명으로 늘어난다. 이 결과는 젊은이가 그 나이까지 금욕하는 것보다 그렇지 않은 것이 6~8배 정도 더 위험하다는 것을 말해준다. 베르티옹 박사의 결론은 남성은 25세에서 30세 사이에 결혼해야 하고, 여성은 20세가 넘어서 결혼해야 한다는 것이다.

여기 언급한 나이 미만의 어린 남녀에 관한 연구를 제외

3 알퐁스 베르티옹Alphonse Bertillon ; 1853-1914

하면, 베르티옹 박사의 통계에서는 전혀 다른 결론이 나온다. 독신자와 관련한 대목은 가히 충격적이다.

찰스 드라이스데일[4] 박사는 "베르티옹 박사의 연구 결과는 프랑스, 벨기에, 네덜란드의 기혼 남성들이 미혼 남성들보다 훨씬 더 오래 산다는 것을 보여준다"라고 말했다. 또한 『인구문제The Population Question』에 대한 요약에서 "기혼 남성들은 정신이상 또는 범죄자나 악당이 될 가능성이 훨씬 낮다"라고 말했다. 이 세 나라에서 진행된 같은 연구에서도 20세 이상의 기혼 여성이 건강 측면에서 더 유리할 수 있다고 밝혀졌다.

범죄 기록을 분석한 결과, 모든 범죄 유형에서 미혼 남성과 미혼 여성이 기혼자보다 두 배 이상 더 많이 범죄를 저지른 것으로 나타났다. 앞의 세 나라에서 1만 건의 정신이상 사례를 근거로 한 조사에서도 정신이상 비율은 독신 남성이 1,000명당 3.95명이고 기혼 남성은 2.17명이었다. 여성의 경우 미혼이 3.1명인 반면 기혼은 1.9명이었는데, 결혼으로 인해 정신이상 비율이 절반 이상 줄었다.

더욱 놀라운 것은 사망률 통계 자료다. 베르티옹 박사는 같은 연령의 미혼남과 미망인의 사망률이 기혼 남자의 사망률

---

4   찰스 드라이스데일Charles Robert Drysdale ; 1829-1907

에 비해 평균 2~3배 가까이 높다는 점을 발견했다. 메이어^{Alex.} Mayer 박사는『부부관계^{Rapports Conjugaux}』에서 수도회 독신자의 사망률이 평신도보다 거의 2배 정도 높다는 것을 밝혀냈다. 이런 사실을 알고서도 피임법으로 금욕을 권하는 사람이 있을까?

사실상 절대 금욕에 관한 모든 건강상 우려는 아이를 낳고 싶을 때만 성관계를 하고 다른 때는 금욕하는 것과 관련이 깊다. 일부 의료당국의 견해에 따르면, 배우자 곁에서 충족되지 않은 성욕이 대체로 쉬지 않고 분출되기 때문에라도 절대 금욕은 문제가 될 수 있다. 이러한 유형의 가족 수 제한을 믿는다고 생각되는 사람들은 '자기 통제'에 대해 할 말이 많다. 이들은 주로 일 년에 단 한 번의 성교를 하고, 성교를 삼가는 것이 강한 자제력을 보여준다고 말할 것이다. 그러나 일 년에 단 한 번의 성행위는 여성이 출산 기간 내내 '아이를 배 속에 품고 다른 아이를 가슴에 안고 있도록' 하기에 충분할 것이다. 만약 이 여성이 그렇게 많은 출산과 수유를 한 뒤에도 살아남는다면, 여성마다 18~24명의 아이가 있다는 것을 의미한다. 피임은 평범하고 행복한 성생활을 하는 사람에게도, 해마다 아이들을 가지길 원치 않는 '자제력이 있는' 사람들에게도 정말 필요하다.

물론 피임의 필요성과 이 제한적인 금욕의 위험에서 벗어난 사람들도 있다. 이들은 정신적으로나 영적으로 고도로 발달된 사람들이기 때문에 이러한 자제력이 자연스럽다. 그러나 이와 같은 사람들은 극히 드물기 때문에 여기서 논할 필요가 없다. 게다가 이들은 자신의 문제를 스스로 해결할 능력이 있다.

아무리 절대적 금욕주의를 주창해도 금욕을 철저하게 지키는 사람은 드물다. 나는 막내 아이를 출산한 후 13년 동안 금욕을 충실히 지켰다고 큰소리치는 한 여성을 만난 적 있다. 이 여성은 성적 결합을 혐오하고 있었기 때문에 금욕이 어렵지 않았을 것이다.

아이를 낳는다는 의식적인 목적을 제외하고 대부분 금욕을 옹호하는 이들의 이면에는 성관계에 대한 혐오, 증오 또는 무관심이 있다. 다시 말하면 1만 명 중 한 명은 과장된 정보에서 변형되고 변질된 변태적인 성행위를 최고의 놀이로 여기기도 하지만, 나머지 사람들은 성교가 억압받는 사실을 회피한다. 이 경우는 크게 다른 두 가지 상황으로 나뉜다. 하나는 인류의 진보와 이를 가능케 하는 소수의 행복에 도움이 되는 상황이고, 다른 하나는 인류의 원천을 억누르고 강제적인 금욕에 따라 불만, 불행, 고통만 초래하는 상황이다. 그런데도 점점 더 많은 사람들 특히 여성들이 결혼생활에서 금욕을 지지한다.

이 사람들은 흔히 성적 결합 그 자체가 혐오스럽고 역겹고 저질이며 정욕적이라고 말한다. 의식적이든 무의식적이든, 이들에게 성적 결합은 '신의 형상과 모습'을 세상에 불러오기 위해 오로지 참고 견뎌야 할 하나의 고난 정도일 뿐이다. 이러한 태도는 이들의 자손들이 풍부한 자질을 가지는 데 방해가 될 수 있다.

수많은 여성이 이와 같은 생각을 품게 된 데에는 모든 성적인 표현이 부정하다고 2천 년간 가르쳐 온 기독교의 책임이 크다. 또한 그중 일부는 배우자의 사랑할 권리를 침해하는 지배적인 남성의 습성 때문일 것이다.

이 습성은 여성의 혐오감과는 별개로, 남편이 원할 때면 언제든지 성적 만족을 누리게 할 수 있는 남성 위주의 합법화된 권리로 인해 더욱 커져갔다. 이런 측면에서 이 나라의 법은 남자의 편에 서 있다. 아내가 남편의 성적 요구에 응하지 않으면, 남편은 아내를 부양하지 않아도 되기 때문이다.

육체적인 결합을 혐오하고 증오하거나 대수롭지 않은 것으로 여기는 두 여성 단체가 있다. 전자는 회원 수가 후자보다 많지 않지만 수천 명 정도에 이른다. 나는 산부인과 간호사로서 그리고 산아제한의 운동가로서 이들의 이야기를 자주 접했다. 그들이 지닌 보편적인 명분은 평범하고 이상적인 사랑 행위가 얼마나 아름다운지 이해가 부족하며, 이는 매우 안타까운 일이다. 또한 그들은 남녀 모두에게 행복을 주는 성적 결합의 힘을 이해하지 못한다. 지금의 비극적인 상황에 이르게 한 주범은 생명에 대한 무지, 그리고 짝짓기라는 순수한 생식 기능 이외 모든 것에 대한 무지, 특히 잘못된 교육이라 할 수 있다. 남성이 성 문제에 점점 더 음탕하고 거친 태도를 취할 정도로 이 무지가 확장될 때, 비극은 더욱 커진다.

교회와, 성관계를 비밀로 해야 한다고 주장하는 이 '도덕주의자'들에게는 책임져야 하지만 드러나지 않은 죄목들이 엄청나게 많다. 적절한 책, 일련의 명쾌한 과학 강의 또는 남녀 간의 상식적인 대화는 육체적 결합에 관한 반감을 대부분 없애줄 것이다. 반감이 사라질 때 모든 여성과 남성의 생득권인 성 관념론을 통한 희망의 길이 열린다.

육체적 결합에 무관심한 여성들과 이야기하면서, 나는 문제의 원인이 주로 남편에게 있다는 것을 알았다. 결혼 생활에서 대체로 남편은 성적 만족을 포함한 육체적 욕구를 충족시켜 줄 여성에게 가정을 제공한다고 생각한다. 보통의 남편은 아내의 육체적 또는 정신적인 욕구 범주에서 만족하려고 하지 않는다.

이 남편은 아내의 성적 욕구에는 관심이 없고, 자기가 원할 때 자신의 성 충동에만 반응한다. 남성 위주의 규범은 여자들에게 자기의 성적 욕구를 매우 부끄러워하라고 가르쳤다. 그래서 여성은 자신이 성에 무관심하다고 자랑스럽게 이야기한다. 이 여성은 남편에게 육체적 매력을 느낀다고 고백하는 다른 여성들보다 순결함과 정숙함을 타고난 것으로 생각하는 것 같다. 또한 내심 자신을 향한 욕구를 숨기지 않는 남편보다 자신이 훨씬 더 우월하다고 여긴다. 그럼에도 불구하고 남편의 욕구 때문에, 아내는 계속해서 관계를 갖는 것에 대해 '관심이 있는 척' 연기를 하게 된다.

분명히 말하지만 진실만이 이 사람들에게 도움이 될 수 있다. 사회가 여성을 무지한 존재로 못 박았기 때문에 여성들은 육체적, 정신적, 영적으로 불행을 겪는다. 여성은 결국 건강을 해치면서 끝없이 가정불화를 악화시키는 강제 금욕 그리고 결혼 예식이라는 일종의 합법화된 매춘 사이에서 선택하게 된다. 남자는 강요된 금욕을 행할지 말지 선택할 수 있으며, 미혼이나 매춘에도 의지할 수 있다. 교회에서 직·간접적으로 훈련받은 사람이나 빈민굴에서 성 윤리를 교육받은 사람은 누구도 다른 이에게 순수하고 깨끗하고 행복한 애정 생활의 바람직한 영향력을 전달할 수 없다. 우리가 성교육을 빈민가와 매춘업소에 맡겨두는 한, 그저 앞에서와 같이 비참한 수백만 건의 결혼 실패 사례만 보게 될 것이다.

가족 수를 제한하기 위해 소위 '안전한 기간$^{safe\ period}$'에 의
존하는 성적 금욕은 어느 누구에게도 해가 되지 않을 것이다.
하지만 어려운 점은 이 방법이 현실적이지 않다는 것이다. 그
냥 간단하게 작용하지 않는다. 이 방법을 사용하는 여자는 남
편에게 열정적으로 반응하지 않으면 임신 위험이 없다고 믿는
사람과 같은 곤경에 처할 수 있다. 이 여성이 감정적인 여성보
다 임신할 가능성이 높다는 것은 잘 알려진 사실이다. 피임 기
구 사용을 거부하면서, 한 달에 며칠을 제외하고 성 표출을 거
부하는 여성은 산아제한 방법에 대한 자기 이론에 오류가 있
다는 것을 금세 알게 될 것이다.

의사들은 오랫동안 '안전한 기간'을 주장했다. 이것은 성
직자들이 지지하는 피임 방법이기도 하다. 여성은 경험을 통
해, 그리고 전문가들은 연구를 통해, 이 '안전한 기간'이 모든
여성에게 결코 안전하지 않다는 것을 잘 알고 있다. 어떤 여성
은 사춘기부터 폐경기 전까지 임신 가능성에서 결코 자유로울
수 없다. 또 어떤 이들은 겉보기에 한동안 '안전한 기간'을 가
진 것 같지만, 이들이 안전하다고 느끼기 시작하는 순간 임신
할 수 있다. 여기서 다시 말하지만, 산아제한의 방법으로 금욕
은 피임에 그 자리를 양보해야 한다.

'안전한 기간'과 같은 범주에서 볼 때, 산아제한의 방법으로 이른바 '남성 사정 억제'도 생각해 볼 수 있다. 이 관행은 '카레자Karezza' '세듈러 흡수Sedular Absorption' '주가센트의 발견Zugassent's Discovery' 등 다양하게 알려져 있다. 하지만 이것을 가족 수 제한의 한 가지 방법이라 생각한 사람들은 실망할 가능성이 높다.

이 방법이 금욕의 한 형태로 가령 금욕법이라고 불릴 수 있으려면, 평생에 걸쳐 절제하는 오랜 악행의 길을 따르거나 아이가 필요할 때에만 절제를 중단해야 한다는 말이 된다. 이 방법을 추종하는 사람들은 안 좋은 결말을 피하면서 가능한 한 최고의 답을 얻을 수 있다고 공언한다. 이 같은 결과는 아마도 두 가지 요인에서 기인한 것으로 보인다.

첫째, 카레자를 실천하는 사람들은 주로 정신적으로나 영적으로 잘 발달되어 있어서, 실제적인 압력이 없으면 고도의 자제력을 발휘할 수 있다. 둘째, 남녀 간에 일어나는 강력한 상호 교류는 이들의 육체적·정신적·영적 행복에 도움이 되므로 이로운 작용을 한다. 이 자극은 일반적인 형태의 금욕에서는 지나친 불쾌감으로 이어질 수 있다.

오나이다 공동체는 뉴욕주의 옛 인디언 보호 구역 내에 있는 공동생활체로, 약 130명의 남성과 150명의 여성으로 구성되어 있다. 이 공동체는 한때 '남성 사정 억제'의 대표 주자였다. 사정 억제는 이 공동체의 종교적인 요구사항이었고, 구성원들은 성기에 대한 세 가지 다른 기능을 크게 강조했다. 이는 비뇨 기능·생식 기능·호색 기능으로, 이들은 각각의 기능이 용도에 따라 서로 별개의 것이라고 했다. 남녀 모두 젊음과 성적 활력을 원숙한 노년기까지 간직하고, 신혼을 결혼생활 한평생으로 연장시킨다는 사례가 자주 인용된다. 그러나 이 이론을 '금욕'으로 간주하면 흥미로울 수 있지만, 산아제한의 방법으로 신뢰하기에는 무리가 있다.

모든 것을 종합해 보면, 금욕은 소수의 요구를 충족시킬 수는 있지만 대다수의 요구는 충족시키지 못한다. 본능적으로 원하지 않는 사람에게 금욕을 강요하는 것은 부당하고 잔인할 뿐만 아니라, 그 위험은 과장되었다기보다 오히려 과소평가되었다. 이 잘못된 행동이 교회에 의해, 피임을 금지하는 법에 의해, 국가에 의해, 몇몇 낡아빠진 독단에 의해, 그리고 젊은 남녀가 결혼할 나이가 되었을 때 결혼을 막은 사회에 의해, 그 어떤 것에 의해 저질러졌는지는 중요하지 않다.

이 세상은 너무 오랫동안 억압에 시달려 왔다. 억압된 힘이 근본적인 것일수록 그 힘은 더 파괴적이다. 성욕을 억제한데 따른 처참한 결과는 건강률과 사망률 통계, 범죄 기록, 정신

병원의 입원 환자 명부 등에 잘 나타나 있다. 그러나 이것이 전부가 아니다. 성적으로 일반적이지 않은 사람들 중 제대로 인정받지 못하는 소수가 있으며, 변함없이 불행한 수백만 명의 사람들은 일찍 죽지도 격렬하지도 못한 삶을 마감한다. 그럼에도 이들의 삶에는 자연스러운 애정 생활의 즐거움마저 존재하지 않는다.

산아제한의 수단으로서 성적 금욕은 대부분의 사람들에게 바람직하지 않을 뿐 아니라 실행도 불가능하다. 의심할 여지 없이 독신 여성은 세상의 재건에 맡은 역할이 따로 있다. 하지만 경험과 이해를 통해 세상을 재창조하는 것은 이들이 아니다. 이 전대미문의 과업은 주로 자유를 획득한 여성들의 삶속에서 풍부한 자기표현과 삶의 경험을 통해 완수될 것이다.

여성의 삶에서 필요한 것은 억압이 아니라, 가능한 한 가장 높은 곳에서 이들의 바람을 최대한 크게 펼치고 수행하는 것이다. 무지와 강요를 통해서는 더 높은 곳에 절대 도달할 수 없다. 지식을 통해 그리고 성에 대한 보다 즐겁고 수준 높은 태도를 함양할 때 자신들이 바라는 것을 얻을 수 있다. 성생활에는 두려움이 없어야 한다. 이것이 피임의 위대한 기능 중 하나다. 두려움에 휩싸이면 병적인 상태가 된다. 병적인 상태가 진정으로 아름다울 리 없다.

애정 생활의 모든 단계를 진정으로 이해하는 것, 그 이해만으로도 한결 더 나은 애정 생활의 순수함을 보여줄 수 있다. 강요와 두려움은 시작부터 실패다. 그 결과는 비참하고 참혹하다. 사랑스럽거나 사랑스럽지 않은 것에 따라 성교를 택하거나 거부할 수 있는 지식과 자유, 이것만으로도 문제를 해결할 수 있다. 이것만으로도 남녀 간에 풀리지 않는 속박과 상호 간의 열정, 그리고 한 단계 더 높은 인류의 희망 속에 놓여 있는 보편적인 이해가 가능해진다.

10 장

피임
아니면 낙태?

사회는 과도한 출산의 부담에서 벗어나려는 페미니즘 정신의 오랜 노력에 대한 중요성을 아직 잘 모른다. 특히 영아살해, 아동 유기, 낙태 등에 관한 실질적인 원인에 대해서는 눈뜬 장님과 다를 바 없다. 사회는 여성의 본성에서 가장 고결하면서도 가장 강력한 것을 방해하고 바꾸려 했으며, 억압하고 혼란스럽게 했다. 사회의 억압으로 인해 여성의 내적 충동이 폭력적인 성향을 띠게 되었고 여성은 스스로 가족 수를 제한하기 위해 잔인한 방법을 사용하게 되었다. 그러자 사회는 이를 즉각적으로 '범죄'로 규정하고 처벌하려고 했다. 사회는 귀머거리처럼 여성의 애원이나 역사의 교훈에 귀를 기울이지 않았기 때문에, 여성을 이런 '범죄'에 강제로 끌어들이는 결과를 낳았다.

이 책의 2장에서 살펴보았듯이 아동 유기와 영아살해는 결코 구식 관행이 아니다. 문명이 발달했지만 낙태는 줄어들 기는커녕 오히려 더 늘었다. 미국의 한 관계 기관이 매년 낙태 사례가 100만 건에 달한다고 발표했지만, 그 수가 두 배에 달 한다고 주장하는 기관들도 있다는 것을 기억할 것이다.

미국 중산층 여성의 대부분은 피임 기구를 산아제한 수단 으로 알고 있으며, 이는 안전해 보인다. 그러나 현재 미국 대부 분의 주는 피임 기구 사용을 불법으로 간주하기 때문에, 연방 법에서도 우편을 통해 피임 관련 정보를 발송하는 것을 금지 하고 있다. 심지어 훨씬 더 나은 환경에 있는 여성도 과학적인 정보를 구하는 데 힘들 때가 있다. 그럼에도 불구하고 여성들 의 의지가 워낙 강해서 정보의 정확성 여부와 관계없이 피임 기구를 구해서 사용하고 있다.

그러나 대다수의 여성은 노동자 계층에 속한다. 이들은 대체로 두 개의 집단, 즉 자신의 의지에 반하여 아이를 갖는 집 단과 이 해악을 피해 낙태를 안식처로 삼는 집단 중 하나에 속 한다. 아이를 낳을 것인가에 대한 결정권이 사회에 있기 때문 에 계속해서 과중한 부담을 떠안거나, 자유에 대한 성적 충동 이 극도로 강한 여성들은 낙태를 선택하여 굴욕적이고 혐오스 러우며 고통스러울 뿐 아니라 극도로 위험하기까지 한 수술을 받는다. 전자의 집단은 아이들이 죽은 채로 태어나거나 죽기를 바라면서 계속해서 아이를 낳는다. 후자의 여성은 자신과 이미 태어난 아이들을 보호하기 위해 힘겹게 싸우면서 의도적으로 과감한 수단을 선택한다. 이 분야의 권위자인 맥스 허시[1] 박사는 이렇게 말한다.

> 우리는 조사 결과를 통해 미국에서 기혼 여성의 낙태가 가장 빈번하게 행해진다는 사실을 알 수 있었다. 조사에서 상류층은 피임하고 하류층은 낙태하는 관행이 있다는 결론을 도출할 수 있었는데, 낙태는 자녀의 수를 조절하기 위해 사용된 실질적인 수단이라는 사실을 알 수 있다.

이처럼 풍족한 환경에 있는 여성의 상당수가 피임을 통해 과도한 출산을 피한다. 풍족하지 않은 환경에 있는 대부분의 여성은 강요된 모성에 굴복할 수밖에 없는데, 대안이라고는 낙태밖에 없다. 의도치 않게 임신했을 때, 양쪽 계층의 일부 여성들은 낙태 시술자로부터 수술을 받을 수 있다면 낙태에 의존한다.

사회가 낙태라는 '범죄'의 공포에 항복하면, 이 관행을 있

---

1 맥스 허시Max Hirsch ; 1852-1909

게 한 근본적인 책임이 누구에게 있는지를 잊게 된다. 과학적이고 효과적인 피임에 대한 지식을 접할 수 있으면 굳이 여성이 낙태라는 방법을 선택할까? 낙태를 시행하는 의사와 산파들이 집마다 다니며 낙태할 여자를 구하러 다닌다면 누가 믿기나 할까? 여성이 필사적으로 낙태 수술을 간청했다는 것이 사실이 아니라면 낙태 시술자는 24시간 동안 계속해서 연습할 수 없었을 것이다. 만약 여성들이 이 전문가의 솜씨를 인정하지 않아 공공연한 그의 신분을 좀처럼 배신 없는 비밀로 간직하지 않았다면, 그는 단 하루라도 감옥 밖으로 나오지 못했을 것이다.

이번 질문은 가족 수 제한을 실행해야 하는지다. 가족 수 제한은 행해지고 있으며, 오랫동안 실행되었고 앞으로도 계속 실행될 것이다. 사회는 이 질문에 답변해야 한다. 가족 수 제한은 피임이나 낙태를 통해 실현될 수 있을까? 정상적이고 안전하며 효과적인 피임 기구를 사용할 것인가, 아니면 여성이 반복해서 비정상적이고 때로는 위험한 수술을 계속 받게 할 것인가?

이 질문에 답변해야 할 대상에는 교회, 국가, 윤리학자가 포함된다. 노동자 계층의 여성이 피임 방법에 관한 지식에 거부감이 있을지도 모른다. 그러나 여성이 이러한 생각을 하기까지 책임이 있는 사람들 그리고 여성들은 낙태 시술자의 손에 억지로 밀어 넣는 법 때문에 위험에 노출되어 있다는 사실을 분명히 알아야 한다.

피임을 통한 산아제한과 낙태를 통한 가족 수 제한의 차이를 더 명확하게 이해하기 위해서는 임신의 주요 과정에 대해 알아야 한다. 임신 과정에 대한 지식 역시 우리의 케케묵은 법 때문에 여성이 노출되는 위험을 철저히 파악하고, 지금도 여성을 쫓아다니는 낙태 시술자의 손아귀가 닿지 않도록 예방책을 사용하는 것이 얼마나 좋을지 제대로 이해하는 데 도움이 될 것이다.

모든 여성의 난소에는 수백만 개의 난세포, 즉 난자가 심어져 있다. 여성은 태어날 때부터 난소를 갖고 있으며 소녀가 성인으로 성장하면서 난세포도 함께 성장한다. 특정 연령이 될 때 개인마다 약간씩 변화가 있는데, 가장 성숙한 난세포는 자신의 둥지인 난소를 떠나서 자궁과 연결된 관을 타고 내려와 몸 밖으로 나간다. 소녀에게 이러한 현상이 생기면 소녀는 사춘기에 접어든 것이다. 성숙한 난세포가 자궁에 도달하면 임신할 준비가 된다. 즉, 남자의 정자와 수정될 수 있다.

난세포가 성숙해지면 자궁은 난세포를 받아들일 준비를 한다. 이는 자궁 내벽에 혈액 공급을 강화하기 위한 준비 과정으로 이루어진다. 수정이 되면 수정된 난세포나 난자가 자궁

마거릿 생어가 1916년 10월 뉴욕의 클리닉에서 파니아 민델과 상담하고 있다. 이 클리닉은 마거릿 생어가 외설법(콤스톡법) 위반으로 수감되면서 9일 만에 문을 닫았다.

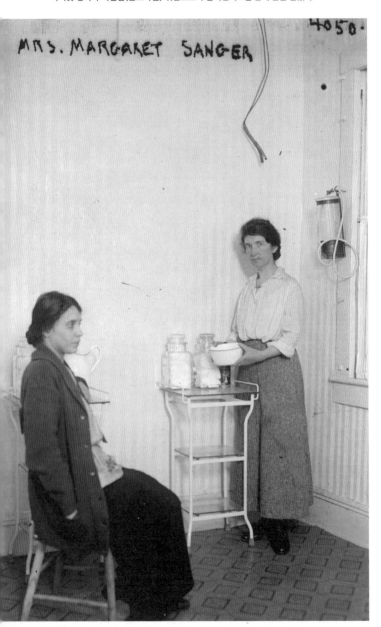

내벽에 달라붙어 그 영양분을 모은다. 수정되지 않으면 난자가 몸 밖으로 빠져나가고 자궁은 과잉된 혈액을 방출한다. 이 시기를 생리 기간이라고 한다. 이 기간은 한 달에 한 번 또는 28일에 한 번 정도다.

남성의 기관에는 고환이라는 분비샘이 있다. 고환은 정액이라는 액체를 분비한다. 정액 속에는 정자라고 하는 생명 탄생의 근원이 있다. 성교할 때 피임구를 사용하지 않으면 정액이 여자의 질에 쌓인다. 난자는 질 속에 있지 않고, 자궁 속이나 그 위쪽에 있거나 아니면 자궁으로 이어지는 관에 있게 된다. 쇠가 자석에 끌리듯 남자의 정자는 난자를 찾는 과정을 시작한다. 여러 개의 정자 세포가 출발하지만 오직 한 개의 정자만이 난자로 들어가서 그 안에 흡수된다. 이 과정을 수정, 수태 또는 임신이라고 한다.

아이를 원하지 않으면 정자와 난자의 만남을 막아야 한다. 이 만남을 막기 위해 과학적 수단을 동원할 때, 산아제한이 실행된다고 한다. 이때 사용되는 수단이 피임이다. 그러나 피임 방법을 사용하지 않고 정자가 난자를 만난 다음 수정이 시작되었을 때, 수정체를 제거하거나 더 이상의 성장을 막는 시도를 낙태라고 한다. 여성들이 낙태를 별로 대수롭지 않게 생각해서 적절한 때에 수술하는 경향이 있는 것은 분명하다. 하지만 낙태는 분만 못지않게 중요하며 만삭으로 아이를 출산하는 것만큼의 많은 관심이 필요하다.

클리프턴 에드거[2] 박사는 자신의 저서 『산과학의 실천*The Practice of Obstetrics*』에서 "낙태에 따르는 위험에는 출혈, 유착태반의 잔류, 패혈증, 파상풍, 자궁 천공이 있다. 이 증상들은 불임, 빈혈, 악성 종양, 자궁 전위, 신경증, 자궁내막염도 유발한다"라고 말한다. 간단히 말해서 낙태에는 항상 건강에 대한 위험이 따르며, 때에 따라서는 환자의 생명을 위협하기도 한다.

부유한 여성만이 수술할 때와 수술 후에 최고의 의료 기술과 관리, 치료의 혜택을 받을 수 있다. 이렇게 해야 여성은 흔히 반복되는 치명적인 결과를 피할 수 있다. 수입이 많지 않아 낙태의 후유증에서 회복되기 전에 계속 일을 해야 하는 여성들은 대규모 환자 군단이나 다름없다. 이와 같은 상황에서 낙태로 인한 사망이 끊이지 않기 때문이다. 그래도 대부분의 여성들은 어쩔 수 없이 낙태에 의존하는 실정이다.

낙태 수술을 받은 여성이 사망하지 않았다고 해서, 그 피해에서 완전히 벗어난 것은 아니다. 자궁이 원래 크기로 돌아가지 않고 크고 무거운 상태로 유지되다가, 본래의 위치에서

---

2 클리프턴 에드거James Clifton Edgar ; 1859-1939

떨어져 나갈 수도 있다. 낙태는 일반적으로 자궁을 원 상태로 복구하여 여성이 수월하게 다시 임신할 수 있는 상태가 되도록 하므로, 철저하게 예방하지 않으면 분명히 또 다른 임신이 발생할 수 있다. 빈번한 낙태는 불임뿐 아니라 심각하고 고통스러운 골반 질환을 유발하는 경향이 있다. 이런 문제점과 낙태 수술로 인해 발생하는 그 밖의 어려움이 전반적으로 여성의 건강을 해칠 가능성이 매우 높다.

법에서조차 의사가 권하면 낙태를 정당하다고 인정하는 경우가 있지만, 나는 미국에서 매년 행해지는 수십만 건의 낙태는 문명의 수치라고 생각한다. 수술이 여성에게 심각한 결과를 초래할 수도 있지만, 같은 효과를 얻기 위해 약물을 복용해서 건강 전체를 해치는 경우와 비교하면 아무것도 아니다. 심지어 의사들이 처방하는 약물 중에서도 인체에 해로운 영향을 미치는 것이 있고, 약사들이 추천하는 처방이 훨씬 더 나쁜 경우도 허다하다.

더욱 안 좋은 것은 태아에게 미치는 영향이다. 많은 여성이 임신 첫 주에 자신의 기관에 독성이 있는 약물을 채우는데, 실패했을 때는 아이를 출산하기로 결정해야 한다. 물론 이와 같은 약물의 사용으로 인해 겪는 산모와 아이의 고통 정도를 계산할 수 있는 통계는 없지만, 그래도 육체의 허약해진 정도와 질병까지 생각하면 경악스러울 수밖에 없다. 여성의 육체는 이 약물로 인해 고통을 겪으며 배아는 통상적으로 약물에 중독된다. 이때 아기는 발작 증세를 보일 수 있다. 또한 심장 질환이나 신장 장애가 있거나 대체로 면역력이 떨어질 가능성이 크다. 낳은 지 첫해가 되기 전에 죽지 않으면, 사춘기가 될 때까지 이런 허약함과 싸워야 할 가능성이 크다.

임신 예방에 대한 정보의 전달을 금지하는 법이 매년 이 나라에서 발생하는 수만 명의 사망과 셀 수 없을 정도로 많은 질병과 고통에 책임이 있다는 암울한 현실을 새삼 강조할 필요는 없다. 이 여성들의 고통과 죽음은 바로 가증스러운 법적 제한의 유지를 주장하는 국회의원들과 청교도적이고 남성 편향적인 사고를 하는 자들의 책임이다.

이들은 더 이상 진실을 피할 수 없고, 어리석고 위선적인 가식 뒤에서 자신들의 과오를 더는 숨기지 못할 것이다. 만약 과학적 산아제한에 대한 지식 전달을 금지하는 법이 폐지된다면 미국에서 매년 낙태를 경험한 100만~200만 명의 여성 거의 모두가 외과 의사의 기구에서 오는 고통과 종종 뒤따르는 질병, 죽음이 도사리는 기나긴 후유증을 피할 수 있을 것이다. 허시 박사는 다음과 같이 말한다.

낙태를 반대하는 동시에 피임 방법에도 반대하는 사람들은 전염병과 싸우면서 소독을 금지하는 사람에 비유될 수 있다. 피임법은 낙태에 대항할 수 있는 중요한 무기이기 때문이다. 미국에는 1873년부터 피임 방법의 배포와 규정을 금지하는 형사법이 있다. 따라서 미국은 세계에서 낙태가 가장 많이 시행되는 국가다.

요약하면 이렇게 말할 수 있다. 현재 피임이나 낙태를 통해 가족 수 제한이 행해지고 있고, 앞으로도 계속될 것이다. 우리도 알고 있다. 피임은 건강과 행복을 의미한다. 즉 더 강하고 더 나은 인류를 의미한다. 하지만 낙태는 질병, 고통, 죽음을 의미한다.

낙태 시술자의 수술대에 오르는 여성은 범죄자가 아니라 순교자다. 이들은 주로 사회의 무지로 인해 야기된 상상하기도 힘든 고통스러운 상황의 순교자다. 이 상황들은 여성에게 자유와 열망에서 가장 고매하고 신성한 희생, 즉 이미 자식이 된 아이들을 보호하려는 그녀의 바람과 외과 의사의 도구 사이에서 선택을 강요한다. 지금의 상황은 여성이 아닌 사회에 다음과 같은 질문으로 맞서고 있다.

"피임 아니면 낙태, 어느 쪽을 택할 것인가?"

11 장

예방책은 확실한가?

확실하면서도 해롭지 않게 임신을 방지하는 방법이 몇 가지 있다. 하지만 이 방법들에 대해 말하는 것이 미국의 각 주州에서 법으로 금지되어 있다. 만약 내가 법을 무시하고 여기에 이 피임 방법에 대해 말하면, 연방법에 의해 이 책은 발간되지 못할 것이다. 나도 법과의 충돌 없이 왜 이 방법들이 신뢰할 만한지를 자세히 설명할 수는 없다. 이 주제에 대해 제대로 설명하려면 좀 더 구체적으로 말해야 하지만 법을 위반할 수 없으니 이해해 주기 바란다.

"믿어도 될까요? 확실한 건가요? 제대로 예방할 수 있을까요?" 피임 방법과 관련된 조언을 구하려는 여성들이 자주하는 질문이다. 이와 같은 질문들은 강요된 모성에 대한 두려움과 여성의 출산을 위해 제공되는 방법에 대한 의구심을 반영한다.

피임 방법의 확실성에 대해 의심하는 이유는 두 가지다. 하나는 의사들의 정보 부족이다. 여기에 해당하는 의사들은 일반적인 인식을 근거로 산아제한에 반대하거나, 피임 기구에 대한 자신의 무지를 감추기 위해 구태의연한 말만 되풀이할 수도 있다. 이상하게 보일 수도 있지만, 무척 중요한 사안인데도 의사들이 여기에 대해 놀라울 정도로 무지하기 때문이다. 이 무지한 반대자들은 권위적인 태도로 사용자에게 해가 되지 않고 완전히 신뢰할 수 있는 피임법은 없다고 주장한다.

의사들의 무지 이외에 또 다른 불신의 근원은 여성 자신의 경험이다. 과학적인 조언을 구할 데가 없는 여성들은 이웃과 친구에게서 정보를 수집한다. 이 사람들은 이런저런 제안을 하고 자기가 성공한 방법을 권하면서 다른 사람의 방법은 무시한다. 서로 다른 이유로 임신에 대한 끝없는 공포 속에서 사는 여성들은 이 상황이 너무나 혼란스럽고 극도의 불안감까지 느낀다.

이와 같은 상황이 벌어진 것은 전혀 놀라운 일이 아니다. 이 문제에 대해 그동안 아주 은밀하게 대처했고 아마추어적인 조언과 비전문적인 조언에 너무나 많이 의존해 왔기 때문에, 누군가가 신뢰할 수 있는 정보를 입수해도 진위를 식별하기가 거의 불가능했다. 특히 산아제한 방법에 대한 지식을 전파한 사람들을 처벌하는 연방법과 주법이 모두 존재하는 미국에서는 이런 현상이 더욱 두드러졌다.

그러나 현재 상황에서도 산아제한 방법에 대해 어느 정도 신뢰할 만한 정보가 있다. 신뢰할 수 있을 뿐만 아니라 남자나 여자 중 어느 한쪽에 피해 없이 사용 가능한 방법이 몇 가지 있다. 모든 기혼 남녀가 이 방법들은 어떤 것이며 어떻게 적용해야 하는지에 대해 알아야 하고 사용할 수 있어야 한다. 수년 내에 이 방법들이 시행될 것으로 예측해도 무방하다.

상대적으로 사용이 간편한 방법이 있고 매우 신뢰할 만한 방법도 있다. 어떤 방법들은 비용이 덜 드는 대신 지속성이 떨어지는 반면, 비용이 많이 들지만 효력이 수년 동안이나 지속되는 방법도 있다. 네덜란드, 프랑스, 영국, 미국 등의 부유층에서 25년 동안 테스트한 결과 출생률이 하락한 것으로 보아 확실성이 검증된 방법들도 있다. 그리고 믿음직스러웠던 초창기의 수레가 최신 비행기 옆에서 구닥다리가 되어 있는 것처럼, 연구자들이 과학적인 연구를 통해 이 분야에 점점 더 많은 관심을 기울이면서, 과거의 어설프고 복잡한 방법들이 더 간단하고 편리한 내일의 방법에 자리를 내주고 있다.

법은 신뢰할 수 있는 피임 방법에 대한 정보 전달을 금하고 있지만, 그렇다고 신뢰할 수 없는 방법의 확산에 대한 경고 장 역할을 제대로 하는 것도 아닌 것 같다. 하지만 신뢰할 수 없는 방법을 사용하면 결과가 너무 실망스러울 뿐만 아니라 건강을 해치는 경우가 많다.

여기에 해당하는 가장 흔한 관행 중 하나는 다음 출산을 방지하기 위해 지나치게 오랜 기간 아이에게 수유하는 것이다. 남부의 '가난한 백인'과 미국에 사는 외국 출신의 많은 여성들이 이 방법에 희망을 걸고 있다. 이들은 아이가 18개월이 될 때까지 계속 모유를 먹인다. 다음 임신 때까지 수유하는 것이다.

장기간의 수유는 아이와 엄마 모두에게 해가 된다고 한다. 아이의 경우, 소화불량과 영양의 불균형으로 인해 뇌 질환 증세가 나타날 수 있다. 어머니는 귀가 안 들리고 눈이 보이지 않는 증세가 나타날 가능성이 크다. 한 권위자는 생후 12개월이 지난 후에도 계속해서 수유하면, 일반적으로 아이는 얼굴이 창백하고 체질이 허약해지며 자주 발작 증세를 보일 수 있다고 지적한다. 반면 어머니는 일반적으로 신경이 예민해질 뿐만 아니라 몸이 쇠약해지고 발작 증세를 보일 수 있다. 이런 상태에서 임신을 하면 엄마는 자신의 건강뿐만 아니라 다음에 낳는 아이의 건강을 해쳐서, 아이는 절대 극복할 수 없을 정도의 허약 체질로 태어날 수 있다.

이뿐만 아니라 지나치게 오래 수유하는 것은 피임 방법으로도 신뢰할 수 없다고 밝혀졌다. 이는 믿을 만한 전문가의 견해에 따른 것이다. 따라서 오랫동안 수유하는 것을 전적으로 신뢰해서는 안 된다.

앞 장에서 언급한 소위 '안전한 기간' 역시 신뢰할 만한 정보가 아니다. 대부분의 여성에게 '안전한 기간'이란 절대 존재하지 않는다. 수년 동안 '안전한 기간'이 있다고 생각한 여성도 임신하고 나서야 비로소 이 기간이 예고 없이 중단된다는 것을 알게 된다.

피임 방법을 권할 때의 가장 흔한 오류 중 하나는 소독제 또는 냉수를 사용한 질 세척법douche이다. 이 방법은 의외로 꽤 오랫동안 지속되어 온 듯하다. 나는 의사들이 여성들에게 그런 어리석은 질 세척법을 처방해 주었다는 말을 듣고 적잖이 놀랐다. 생리학과 해부학의 기본 지식을 습득한 의사라면 소독제를 사용하는 질 세척은 더 청결하고 위생적인 방법이 필수적이고 중요하다는 것을 알고 있어야 한다. 또한 이 방법이 임신을 예방하기 위한 수단으로 권장되어서는 안 된다는 것을 분명히 알고 있어야 한다.

세척을 하기 전에 임신할 가능성이 크고 실제로 임신하는 경우도 많다. 특히 여자의 자궁 위치가 낮은 경우 임신 가능성이 크다. 그리고 많이 걷는 여성, 장시간 서 있거나 재봉틀을 자주 사용하는 여성은 자궁이 낮을 가능성이 크다. 이런 경우 정자가 다른 때보다 자궁에 거의 직접적으로 훨씬 수월하게 진입할 수 있어서 아무리 빨리 세척법대로 시행하더라도 효과가 없을 확률이 높다. 자궁이 압력을 받으면 그 위치가 낮아지는 경향은 수년 동안 세척법에 의존해 왔던 일부 여성들이 왜 갑자기 임신하게 되는지를 설명해 준다. 세척법을 믿지 마라. 이것은 모든 여성의 청결을 위해 필요한 것이지 임신 예방법은 아니다.

비록 신뢰할 만하다고 해도 외딴 지역의 가정은 위생상 편리성이 떨어지며, 빈민가의 공동 주택에서 세척법을 시행하기란 어려운 일이기 때문에 많은 여성이 그렇게 하지 못한다. 일부 방법은 신뢰성이 떨어지고 유해하지만, 해롭지 않으면서 확실한 방법이 있다. 이 방법은 가족 수를 제한하기 위한 방법을 찾고 있는 여성에게 도움이 될 수 있다. 어떤 방법을 사용하든 최대한 주의를 기울이는 것이 가장 중요하다. 의사가 수술할 때 기구가 아무리 완벽해도 최대한의 주의를 기울이지 않으면 완벽한 결과를 기대할 수 없다. 모든 피임 방법을 시도할 때는 상식, 현명한 판단, 신중한 태도가 필요하다.

여성들이 그 필요성을 주장할수록 점점 더 완벽한 임신 예방법이 개발될 것이다. 모든 여성은 자신의 주치의에게 이 문제에 대해 잘 알고 싶다는 의사를 분명히 밝혀야 한다. 여성은 확실치 않은 정보는 받아들이지 말아야 한다. 피임 방법에 능한 내과 의사에 대한 수요가 증가하면 활발한 연구와 실험 활동도 수반될 것이다. 실제로 이와 관련된 연구가 이미 시작되었고 우리는 가까운 미래에 피임 방법에 큰 진전을 기대할 수 있다. 또한 예방책과 기구에 대해서도 더 신뢰할 만한 견해를 기대할 수 있다. 여성들이 자신감 있는 태도로 끊임없이 요구할 때 확실하고 안전한 피임 방법을 쓸 수 있게 될 것이다.

12 장

산아제한은
노동 문제에 도움이 될까?

노동계는 노동자의 노예 상태가 이들의 수에서 기인한다는 사실을 본능적으로 인식하고 있는 듯하다. 그러나 이 사실을 논리적이고 철저하게 적용한 적이 거의 없다. 직종별 노동조합의 기본 원칙은 해당 업계에서 노동자 수를 제한하는 것이다. 이 편법은 노동계가 잘못을 바로잡을 때 사용하는 가장 흔한 수단이었다. 당연히 모든 노조원들은 노동자 수의 규모를 적절히 적게 유지하면 조직은 임금 인상, 꾸준한 고용 그리고 적절한 노동 환경을 제공할 수밖에 없다는 것을 알고 있다. 직종별 노동조합이 이 원칙을 적용할 수 있게 될 때 자신들의 요구를 관철할 수 있는 것이다. 하지만 직종별 노동조합은 이 원칙을 적용할 수 없게 되자 실패했다.

직종별 노동조합의 약점은 이 원칙을 충분히 계속 밀고

나가지 못한다는 점이다. 노조는 업계에만 숫자 제한 정책을 적용한다. 하지만 조합원이든 비조합원이든, 노동자는 결국 훗날 노동시장에서 자신과 경쟁시키기 위해 집에서 많은 아이들을 계속 생산한다.

테레사 빌링턴 그레이그[1]는 『인구 문제의 상식Common Sense of The Population Question 』에서 "노동의 역사는 노동자가 자신의 생산 능력을 재생산 능력까지 끌어들여 스스로에게 고통스러운 영향을 미치는 노력의 역사와도 같다"라고 말한다. 노동의 역사는 패배하는 전투를 벌이고 되풀이하고 있는 것이다.

고도로 숙련되고 잘 조직화된 노동자 중 소수만이 더 나은 환경을 위한 투쟁을 이끌 수 있다. 직종별 노동조합은 일부 직종에 종사할 수 있는 사람의 수를 제한함으로써 더 나은 임금, 더 단축된 시간 그리고 다른 조합원보다 더 나은 혜택을 누릴 수 있다.

재난은 기근, 전염병, 해일, 지진 또는 전쟁의 형태로 가용할 수 있는 노동자의 수를 제한하기도 한다. 이때 재난의 영향을 받지 않은 지역에 살거나, 전쟁 때 집에 남은 사람들이 일시적으로 이익을 취한다. 그러나 이러한 이점은 가격 인상 또는

---

1   테레사 빌링턴 그레이그Teresa Billington-Greig ; 1876-1964

군인들이 전쟁에서 귀환했을 때 일자리 경쟁으로 빠르게 상쇄된다. 이런 식의 수적 제한이 통하는 경우에는 노동자에게 유리하게 작용하지만, 노동자가 생식 능력이 있는 동안에는 재난이 계속해서 효과를 발휘하지 못한다. 따라서 몇 년이 지나면 이 재난들은 파괴력을 잃게 된다.

여성과 어린이를 포함한 노동자들의 거대 집단은 미숙하고 조직적이지도 않다. 또한 이들은 일자리를 찾기 위해 상당한 시간을 들인다. 물론 임금도 형편없다. 따라서 낮은 임금과 힘든 구직 활동에도 불구하고 항상 서로 경쟁할 뿐 아니라, 숙련되고 조직적인 노동자들과도 직접적으로 경쟁하게 된다. 이들의 가족은 가난하게 살고 질병에도 잘 걸리기 때문에 그 시대의 주된 사회 문제가 된다. 가족들은 여자들이 견딜 수 있는 한 최대한 빨리 아이를 낳게 한다. 아이가 생김으로써 이들의 불행은 커지고, 또 다른 노동자가 등장함에 따라 고용을 위한 경쟁이 벌어져서 어쩔 수 없이 임금이 내려가고 노동 시간도 연장된다.

노동자들이 사는 방식은 시작부터가 이렇다. 이것이 세계의 노동자들이 살아가는 방식이다. 노동자들은 법에 의해 구제받지 못한다는 사실을 알게 되어, 특정 업계에서 노동조합을 결성하여 노동자 수를 제한한다. 한편 노동자 계층의 여성들은 노동자들을 더 많이 번식하여 미래에는 현재 얻는 이득마저 갖지 못한다. 파리의 예를 들면, 도시의 무산자 계층의 출산율이 부유층보다 3배 이상 높은 것으로 나타났다. 하디[G. Hardy]는 『임신을 예방하는 방법[How to Prevent Pregnancy]』에서 다음과 같이 말한다.

> 자크 베르티옹[2] 박사는 파리의 한 지역에서 부유한 정도에 반비례하는 출생률 통계를 제시한다. 또한 부유한 샹젤리제 출산율은 벨빌이나 뷔트-쇼몽의 3분의 1에 불과하다. 15세에서 50세까지 1,000명의 여성을 대상으로 했을 때, 메닐몽떵에서 116명을 출산한 데 반해, 샹젤리제에서는 34명을 출산한다.
>
> 베를린에서도 마찬가지다. 15세부터 50세까지의 1,000명의 여성 중에서, 극빈한 지역에서 157명을 낳고 부유한 지역에서는 47명을 낳는다.

세계의 다른 지역도 마찬가지다. 하디가 지적한 대로 바로 이 '무산자 계층'이라는 말은 '아동 생산자'의 대명사다. 그러므로 부주의함으로 인해 세상에 나온 아이들은 어머니의 건강을 해치고 가족의 빈곤을 심화시키며, 가정의 행복을 파괴

---

2 자크 베르티옹[Jacques Bertillon ; 1851-1922]

아버지 수입	유아 사망률
521달러 미만	197.3명
521~624달러	193.1명
625~779달러	163.1명
780~899달러	168.4명
900~1,199달러	142.3명
1,200달러 이상	102명
충분한 수입	88명

할 뿐만 아니라 아버지에게 실망감마저 안겨준다. 그 외에도 장래에 노동시장에서 아버지의 경쟁자가 될 수 있다. 아이 수가 증가하면 어머니가 산업 현장으로 내몰리고, 어머니의 이 쥐꼬리만 한 임금이 아버지의 임금을 더 낮추기도 한다.

이러한 상황에서 전반적으로 나타나는 특징 중 가장 안타까운 것이 높은 유아 사망률이다. 많은 아이들이 세상에 와서 엄마의 힘을 빼고 고통과 빚만 과중하게 하다가 떠나버린다. 소득이 낮은 가정일수록 아이들이 태어나서 1년도 못 되어 사망하는 비율이 높다. 1911년에 연방 아동국이 조사한 존스타운의 유아 사망 통계 조사는 전형적인 결과를 보여준다.

이 수치들은 모든 가족 구성원의 총수입은 아니다. 또한 1911년과 1920년의 화폐 가치는 다르다는 점을 감안하기 바란다. 미국 국민의 70%는 수입이 1,000달러 미만이다. 이 가정에서 태어난 아이 중 142명에서 197명이 세상에 나온 지 1년도 못 되어 사망한다는 의미다. 이 아이들의 출생률과 사망률은 근로자들에게 가해진 힘겹고 고통스러운 부담이 얼마나 부질없는 것인가를 여실히 보여준다.

유아 사망률이 이렇게 높은데도 미국의 노동자들은 아직도 자신들의 능력으로 부양할 수 있는 수보다 더 많은 아이를 낳는다. 300만 명의 아동 노동자를 제공하고도 남을 만큼 그 수가 많은데, 이 아이들은 푼돈을 받으면서 부모들을 직장에서 몰아내고 가족을 더욱더 가난하게 만든다.

모든 것을 고려할 때, 대가족을 양산하는 노동자들은 일자리를 구하려는 수십만 명의 실업자들, 파업 중단자들, 파업자들을 구타하고 체포하는 경찰들, 그리고 파업자들을 총살하는 군인들에 대해 책임져야 한다. 이 모든 문제는 노동자들의 대가족에서 비롯되었기 때문이다. 이들의 아버지와 어머니는 임금 노동자다. 이들은 노동에서 잉태되었지만 잉여 노동력을 제공하면서 고용된 노동자들을 배반하도록 강요받는다.

이뿐만 아니다. 탁월한 능력과 기술을 지닌 노동자가 노조의 보호를 받으면서 어느 정도 안정적으로 대가족이나 적당한 규모의 가정을 유지하려면 자신이 획득한 것을 지키기 위해 파업을 해야 할 때가 어김없이 찾아오게 마련이다. 직장을 구하려는, 조직이 없는 노동자들에게 밀려나지 않는다고 해도 굶주린 아이들의 울음소리를 계속해서 들어야 한다. 파업이 길어지면 이 울음소리는 종종 충성심과 계급적 이해관계의 독려를 무너뜨린다. 급기야 노동자는 이 울음소리에 굴복하고 다른 일은 아무것도 할 수 없게 된다.

이와 같은 어려움 속에서 노동자들이 혼란스러워하고 허둥지둥하는 것이 이상한가? 노동계는 정치 개혁, 임금법, 법정 시간 규정 등 수많은 구제책을 제시해 왔다. 자유를 위한 만병통치약으로 직종별 조합주의 및 산업별 조합주의, 노동조합주의, 무정부주의, 사회주의를 받아들일 것을 제안했다. 그러나 노동계는 일부 국가를 제외하고는 공세를 취할 수 있는 세력이 되지 못하고, 부도덕한 정치인들의 도구로 이용되었다.

제1차 세계대전에서 수백만 명의 노동자들이 몰살됨으로써 얻은 일시적인 우위에도 불구하고, 노동 문제는 아직도 해결되지 않았다. 언제나 그렇듯이 노동자는 노동 환경을 개선하는 대신 시장에 진입하는 수많은 젊은 노동자들과 경쟁하고, 현재의 열악한 상황에서 벗어나는 것을 더욱더 어렵게 만드는 '노동 절약형' 기계와도 싸워야 한다. 이 기계가 발명되기 전보다 생산과 유통에 필요한 노동자 인력이 대폭 줄었다.

미국 산아제한 연방법 위원회 위원장인 마거릿 생어(왼쪽)가 워싱턴 메이플라워 연회장에서
산아제한 협의회Birth Control Convention를 시작하고 있다. 워싱턴 위원회 위원장인 존 드라이든
(가운데)과 인구 및 경제 분야 권위자인 뉴욕 대학의 헨리 프랫 페어차일드 교수(오른쪽).

그러나 노동자 수 자체가 증가함에 따라 노동계는 기계로부터 해방되기는커녕 오히려 기계의 노예가 되고 말았다. 존 스튜어트 밀[3]은 이렇게 말한다.

> 지금까지 고안된 모든 기계적인 발명품들이 인간의 노고를 덜어주었는지는 의문이다. 이 기계들로 인해 더 많은 사람이 고된 노동과 감옥살이와 다를 바 없는 삶을 살았고, 더 많은 제조업자와 여기에 관련된 사람들이 부를 쌓았을 뿐이다.

단적으로 말하면, 노동계는 크게 진보했다고 말할 수 있다. 우리는 자본주의를 비판하고 모든 사회 문제에 대해 자본주의의 소비적이고 무자비한 산업 체계를 비난했지만, 우리의 수가 너무 많아져서 현대 산업이 등장하기 전에 스스로를 극심하게 속박해 버렸다. 기업 합동을 비난할 수도 있지만, 우리의 속박은 기업 합동이 태동하기 전에 이루어졌다. 공무원들이나 기업 탓을 할 수도 있지만, 이들이 자리를 잡기 전부터 우리의 부담은 악화일로에 있었다. 이제 주변을 둘러보며 현 상황의 원인과 책임 소재에 대해 생각하고 있다. 우리는 자신의 권

3   존 스튜어트 밀John Stuart Mill ; 1806-1873

리를 위해 계속 싸우고 있지만, 결국은 동족, 즉 우리의 자식들, 형제의 자식들, 우리 이웃의 자식들에 의해 정복될 운명이다.

노동조합이 부분적으로 적용한 제한의 원칙에 대해 논리적으로 결론을 내려보자. 노동 문제, 실업 문제, 저임금 문제, 잉여 인구 문제를 해결하는 방법은 번식을 중단하는 것이다. 이 문제들의 원인은 우리 계층, 바로 우리 가족들에게 있다. 더 나은 임금, 더 짧은 노동 시간, 노동 선진화를 위한 새로운 시스템을 확보하기 위해서는 노동자 수를 줄여야 한다. 전쟁과 기근이나 전염병이 문제를 해결해 주길 기다리지 말자. 원치 않은 아이들을 잠깐 이 세상에 데려와서, 이들이 고통받고 우리에게 짐만 더해주다가 죽게 하는 일은 이제 그만 멈추자. 우리의 생계를 위해 경쟁하는 이 세상에 다른 이들을 데려오지 말자. 여성 노동자들이 산아제한을 실천하도록 해야 한다.

산아제한을 하는 근로자가 당장 얻을 수 있는 이득은 구체적으로 무엇일까? 첫째, 소규모 가정은 현재 받는 임금으로 대규모 가족보다 훨씬 더 풍요롭게 살 수 있다. 노동자들은 더 잘 먹고 더 잘 입을 수 있을 뿐만 아니라 교육도 더 잘 받을 수 있다.

다시 말해서, 노동자 가정에서 아이의 수가 줄어들면 수요가 증가함에 따라 생기는 식품 가격의 상승을 억제하는 효과도 생긴다. 몇 년 내에 일자리를 구하기 위해 경쟁하는 노동자 수도 줄어들 것이다. 사회는 노동자에게 더 많은 노동의 대가를 줄 수 있다. 이런 일들이 일어나는 동안 빈민가는 질병, 도덕적 타락, 그리고 이로 인한 온갖 추악한 결과물과 함께 저절로 사라질 것이다. 노동자는 누구도 다세대 주택에서 살 필요가 없기 때문에 이 주택들은 현대식으로 재건축되거나 헐리게 될 것이다. 동시에 노동자로 태어난 소수의 아이들은 더 힘이 세고, 더 건강해지고, 더 용감해질 것이다. 이들은 살인적인 환경의 불쌍한 희생자가 아니라, 사회에 적합한 인간이 될 것이다.

산아제한은 노동자에게 특정한 이상주의 운동과 철학으로 바꾸자는 제안이 아니다. 산아제한은 무언가의 대체물이 아니라 앞서가는 것이다. 그 자체가 노동자를 괴롭혔던 가장 무거운 짐을 덜어주는 하나의 원칙이다. 산아제한은 영구히 성공적인 환경 개선을 달성하는 토대가 될 수 있으며, 그렇게 되어야 한다. 그러므로 산아제한은 모든 효과적인 선전에 꼭 필요한 출발점과도 같다.

산아제한에 대한 수년간의 조직적인 선전은 노동력을 모든 문제 해결이 가능한 위치에 올려놓을 것이다. 조직적이든 비조직적이든, 노동계는 이 사실에 촉각을 세워야 한다. 새로운 사회 질서를 위해 일하는 단체와 정당은 자체 프로그램에 산아제한을 포함시켜야 한다. 어떤 사회 시스템도, 노동자의 민주주의도, 사회주의 공화국도, 산아제한의 관행이 눈에 띄게 효율적인 수준으로 장려되지 않는 한 성공적으로 운영될 수 없고 그 이상을 실현할 수도 없다.

나는 스페인에서 투우 장면을 본 적이 있다. 바르셀로나의 멋진 경기장에서였다. 힘은 약하지만 능숙한 투우사가 입힌 상처로 인해 엄청난 힘을 자랑하던 황소들이 피를 흘리며 줄줄이 쓰러지는 모습을 보고 노동자들과 압제자들의 관계가 떠올랐다.

황소들이 한 마리씩 투우장에 등장했고, 황소는 한 명의 공격자와 20개의 훼방꾼과 맞섰다. 맞서야 할 적은 단 한 명뿐이지만, 적의 손에는 황소의 주의를 분산시키기 위한 형형색색의 천이 달린 깃발이 20개나 쥐어져 있었다. 황소의 진짜 적수가 위험에 빠지자, 격노한 황소의 눈앞에 깃발 하나가 펄럭인다. 황소가 뿔을 한 번 쳐들기만 하면 투우사의 목숨을 앗아갈 테지만, 훼방꾼들이 깃발에서 펄럭거린다. 황소가 차례대로 깃발에 달려들지만 헛발질만을 거듭할 뿐이다. 간신히 훼방꾼 하나를 허공에 날릴 찰나, 또 다른 깃발이 나타나고 또다시 헛수고만 할 뿐이다.

갈팡질팡하다가 기진맥진해진 황소는 넋이 빠져서 진짜

적의 공격을 막지 못하고, 투우사의 칼끝 아래로 쓰러진다. 푸르른 하늘에서 태양이 눈부시게 빛나고 음악대의 연주가 울려 퍼지면, 화려하게 차려입은 수많은 관중이 함성을 지른다. 한편, 우리의 가엾은 희생자는 다른 주인공에게 자리를 내주기 위해 밖으로 끌려 나간다.

이것이 현재의 노동계라는 드라마다. 노동자들이 진정한 적을 찾을 때까지 노동계의 드라마는 계속될 것이다. 이 적은 노동자 계급의 생식 능력으로, 진보로 가는 통로를 무력하고 나약한 자로 채우며 세상의 폭군들을 자극하여 인류를 억압 속에 몰아넣는다.

13 장

원치 않은 아이들이
전쟁의 원인인가?

군국주의적 성향을 띠는 국가의 보수주의자들은 더 높은, 아니 훨씬 더 높은 출산율을 요구한다. 이들의 구실은 주변 적들로부터 나라를 방어하기 위해 대군이 필요하다는 것, 그리고 강대국들 사이에서 제대로 입지를 확보하려면 많은 인구가 필요하다는 것이다. 이 두 가지는 사실상 같은 맥락이라고 볼 수 있다.

한 국가의 인구가 과잉되면 보수 세력은 곧바로 국가의 도덕적 권리를 확대해야 한다고 목소리를 높인다. 이들은 과거에 자신들이 애국심이라는 미명하에 꼭 실천해야 한다고 주장했던 거대 인구를 언급한다. 거듭 애국심에 호소하면서, 거대 인구에게 필요한 공간을 강제로 빼앗는 것이 국가의 도덕적 권리라고 공언한다. 그런 다음 자국보다 준비가 덜 되어 있는 나라와 전쟁을 한다.

외교관들은 이 사실을 은폐하려고 애쓰고 정치인들은 다른 국가의 정치인들을 맹렬히 비난한다. 언론과 모든 관련 기관들은 여론을 움직이기 위해 한동안 떠들어 댄다. 일반 대중은 진실에 도달하지 못하며, 사실이 왜곡되고 거짓말이 난무한다. 그러나 전쟁이 끝나면 혹은 전쟁이 끝나지 않더라도, 우리는 항상 '태양이 비치는 양지' '바다로 통하는 길' '인도로 가는 경로'와 같은 문구들이 문제의 근원임을 알게 된다. 이것들은 단지 영토 확장의 다른 이름일 뿐이다.

'영토 확장에 대한 요구'는 인구 과잉의 또 다른 이름이기도 하다. 이에 대한 진실을 잘 설명해 줄 수 있는 좋은 사례가 있다. 우리가 막 빠져나오기 시작한 공포의 주범인 제1차 세계 대전의 원인이 인구 과잉이었다는 점은 너무나 명백해서, 현재의 역사를 진지하게 생각하는 역사학도라면 이를 부인하지 못할 것이다.

지난 100년 동안 대부분의 유럽 국가들은 무조건 많은 인구를 장려했고, 이로 인해 인류에게 엄청난 빚을 졌다. 유럽의 통치자들과 군국주의자들은 국민에게 끊임없이 낳고 또 낳으라고 종용하지 않았나! 인구가 많으면 부를 생산하는 사람이 많아진다. 그러면 세금을 내는 사람도 많아지고 상인들의 거래도 많아질 뿐만 아니라, 재산을 보호하기 위한 군인도 많아질 것이다. 그러나 그만큼 더 많은 식량을 공급해야 하며, 이에 따라 당연하게 영토 확장으로 이어진다.

드라이스데일[1] 박사의 그 유명한 '유럽의 전쟁 지도*War Map of Europe*'에서 볼 수 있듯이, 출산율이 높은 국가들 사이에서 큰 충돌이 시작되었다. 이들 국가의 출생률은 독일이 31.7%, 오스트리아-헝가리 제국이 각각 33.7%와 36.7%, 러시아 45.4%, 세르비아 38.6%였다. 러시아 소비에트 정부의 비밀 조약을 비롯해 오스트리아와 영토 분쟁 중인 이탈리아의 출생률 또한 38.7%였다. 영국은 자국의 국토가 좁기 때문에 출생률도 상대적으로 낮은 26.3%였다. 교전국 중에 프랑스의 출생률은 19.9%로 확연히 낮았고, 프랑스는 출생률이 높은 독일의 확장에 걸림돌이었다. 주로 중립을 유지한 네덜란드, 덴마크, 노르웨이, 스웨덴, 스위스의 출생률은 낮았는데, 평균적으로 26%를 약간 상회했다.

이 전쟁(제1차 세계 대전)에서 독일이 차지한 비중 때문에, 독일의 출산 통계가 크게 주목받고 있다. 1876년까지 독일의 출산율 증가 폭은 상당히 컸다. 이 해를 기점으로 감소하기 시

---

1 샤를 비커리 드라이스데일Charles Vickery Drysdale ; 1874-1961

작했지만, 예년의 엄청난 증가를 상쇄하기에는 충분치 않았다. 1,000명당 평균 출산 수는 다소 줄었지만, 아이를 출산할 사람이 수백만 명이나 더 많아서 인구의 순증가 수는 여전히 엄청났다. 독일의 인구는 제국이 건국된 해인 1871년에 4,100만 명에서 1918년에는 약 6,700만 명으로 증가했다. 반면 독일의 식량 공급은 극히 소폭 증가하는 데 그쳤다. 1910년에 러시아는 독일보다 출산율이 훨씬 더 높았는데, 1,000명당 48명에 약간 못 미치는 수준이었다. 제정 러시아는 콘스탄티노플을 거쳐 지중해로 진출하기를 원했고, 이때 인구 증가를 예상하고 있었다. 독일 역시 한목소리로 '햇빛이 비치는 양지'를 외치면서 인구 증가 문제를 고심하고 있었다. 《왕립 프러시아 저널Royal Prussian Journal》은 1911년 4월 15일 기사 '맬서스주의자Malthusian런던'에서 다음과 같이 인용했다.

> 수십 년 동안 독일의 엄청난 인구 증가 현상은 대부분 도시에서 두드러져 5년 만에 400만 명이 증가했는데, 그 이유는 농촌에서 일자리를 찾을 수 있는 사람은 소수였고 재산을 가진 사람이 거의 없어 나눠 가질 자원이 부족했기 때문이다. 또한 농장이 대형화되면서 저렴한 현대적 기계 방식을 사용하여, 비용이 많이 드는 노동자를 고용하는 것보다 돈을 절약할 수 있었다.

그리고 과거 독일은 일정 기간 자국의 인구를 더 이상 먹여 살릴 수 없는 연속적인 상황에 처했고, 대량 식량을 원재료로 수입한 탓에 일종의 교환을 위한 수출은 불가피했다. 이마저도 현재의 인구 증가율을 따라갈 수 있을지 의문이다.

그런가 하면 잉여인구를 양산했기 때문에 발생한 문제를 해결하고자 전쟁을 통한 필수품 조달을 솔직히 인정한 사례도 있다. 아델린 모어[2]는 전쟁과 관련된 출생률에 대한 연구 『통제되지 않은 번식*Uncontrolled Breeding*』에서 1913년 《베를리너 포스트*Berliner Post*》에 발표된 기사를 인용한다.

독일처럼 거대하고 급속도로 성장한 국가가 더 발전하거나 정치 권력을 확장하기 위한 요구를 전부 거절할 수 있을까? 넘쳐나는 인구에 걸맞은 새로운 독일 가정을 창조하기 위해 프랑스나 영국과 함께 최종적인 해결책을 찾고 식민지 소유를 확대하는 것, 이는 가까운 미래에 우리가 직면하게 될 문제들이다.

영국의 많은 관련 당국들도 국제적인 분쟁의 진정한 원인

2　아델린 모어Adelyne More ; 1889-1957

을 솔직하게 인정했다. 『통제되지 않은 번식』의 저자는 영국 국가위원회가 발표한 출산율 하락 보고서를 인용한다.

대부분 역사에서 어느 나라든 인구에 대한 압력은 인구 과잉과 이주를 불러오고, 약소국가에 대한 정복과 지배를 지나 착취로 귀결된다. 이것은 항상 국제 분쟁의 주된 원인이다.

새로운 영토의 권리에 대한 독일의 군국주의적 요구는 오로지 독일 아기들의 생명권과 식량권에 대한 주장이었다. 병아리가 껍데기를 깨야 하는 것과 같은 이치다. 만약 같은 권리를 주장하는 수백만 명의 다른 사람들이 없었다면, 전쟁은 아예 일어나지 않았을 것이다. 하지만 수많은 사람들이 동일한 권리를 주장하고 나섰다.

독일의 위정자들과 지도자들은 '영토 확장expansion'이 독일 무역상들에게 더 많은 사업을 의미하고 독일 노동자들에게 더 나은 임금과 더 많은 일자리를, 해외에 있는 독일인들에게는 더 많은 기회 제공을 의미한다는 점을 강조했다. 또한 확장하지 않는 것은 좁은 집에서 짓눌리는 생활, 불경기와 막중한 부담, 독일인에 대한 기회 부족 등을 뜻한다고 말했다. 위정자들은 이런 방식으로 독일 제국의 국민들에게 인구 과밀로 어떤 일이 발생할지 놀랍고도 생생한 미래상을 제시했다. 이러한 현실을 실감하자 대다수 독일인은 이른바 방어 전쟁이라는 것을 기꺼이 받아들였다.

이 주장은 타당했다. 독일의 어머니들이 잇달아 과잉 출산에 대해 탄원하자, 제국주의적인 독일은 전쟁할 수밖에 없었다. 일단 원치 않는 자녀들, 즉 엄마는 원하지 않았지만 '애국적인 의무'로 낳은 아기들이 존재했다. 국제적인 충돌을 피하기에도 너무 늦었다. 제국주의 독일의 큰 죄는 높은 출산율이었다. 언제나 그랬다. 모든 전쟁의 이면에는 인구 압박이 있었다. 헉슬리[3]는 이렇게 말한다.

역사가들은 국가의 붕괴와 낡은 문명의 침몰 원인을 이와 같이 지적했다. 지배 계급의 탐욕과 야망, 피지배 계급의 걷잡을 수 없는 혼란, 재산과 사치품의 가치 저하 그리고 많은 인류가 참여한 파괴적인 전쟁 때문이다. 이들은 도덕적 명분을 강조했다. 그러나 이 모든 피상적인 혼란의 밑바탕에는 무한 증식에 대한 깊은 충동이 내재되어 있다.

〈맬서스 인구론〉의 창시자인 토머스 맬서스[4]는 18세기 말

3 토머스 헨리 헉슬리Thomas Henry Huxley ; 1825-1895
4 토머스 로버트 맬서스Thomas Robert Malthus ; 1766-1834

전쟁과 인구 과잉의 상관관계에 대해 언급했다. 그는 인구가 식량 공급보다 더 빠르게 증가하는 경향이 있다는 것을 입증했다. 전염병·기근·홍수·전쟁과 같은 재난이 자주 발생하지 않았다면 인류는 현재보다 밀집된 상태로 훨씬 더 비참하게 살았을지 모른다고 말한다. 그리고 이러한 재난은 '자연적인 억제'라고 묘사하며 어떤 제어 없이는 불가피하다고 지적했다. 출산율을 조절하기 위해 적절한 판단을 내리지 않으면, 우리는 질병·기아·전쟁에 직면할 수밖에 없다는 것이다.

다윈[5]과 존 스튜어트 밀[6]은 추론을 통해 다음과 같은 사실을 인정한 바 있다. 어떤 식으로든 인류에 한계를 두지 않고서는 전쟁과 같은 소위 '자연적인 억제'가 발현된다는 것이다. 다윈은 『종의 기원Origin of Species』에서 "만약 모든 유기체가 자연적으로 죽지 않는다면, 단 한 쌍의 짝이 낳은 자손만으로도 금방 지구가 뒤덮일 것이란 법칙에는 예외가 없다"라고 말했다. 다른 저서에서도 우리는 장애가 있는 인간이 멸종되도록 내버려 두지 않고 자선 기구나 단체를 만들고, 보호 시설과 병원을 짓고, 의료계는 생존력이 없는 이들을 유지하는데 계속 매달리게 될 것이라고 주장했다. 존 스튜어트 밀은 맬서스의 견해

5   찰스 다윈Charles Robert Darwin ; 1809-1882
6   존 스튜어트 밀John Stuart Mill ; 1806-1873

를 지지하며, 그중에서도 유기적인 존재, 즉 인류의 증식에 대해서도 정확히 동일한 효과가 있다고 말한다. 다른 말로 하면, 국가의 인구가 과잉되면 전쟁이 불가피해진다는 것이다. 해가 뜨면 날이 밝는 것과 같은 이치다.

1877년에 찰스 브래들로[7]와 애니 베전트[8]는 피임 관련 정보를 발행했다는 이유로 영국에서 재판을 받았다. 이들은 법원과 배심원들에게 이같이 단도직입적으로 말했다.

자연적인 억제가 동물 세계에서처럼 인간에게도 제대로 작동될 수 있다면, 분명 더 나은 결과를 얻게 될 것이다. 동물 세계에서 약자는 궁지에 몰리고 병약한 자는 삶이라는 경주에서 낙오하게 된다. 늙은 짐승들은 허약하거나 병들면 죽는다. 마찬가지로 인간이 병든 자들을 의술이나 과학의 도움 없이 죽게 내버려 둔다면, 약한 자들을 한쪽에 두고 억누른다면, 늙고 쓸모없는 사람들을 죽인다면, 스스로 식량을 조달할 능력이 없는 사람들을 굶긴다면, 이 모든 일이 이루어지면 인간 사이에서 생존을 위한 투쟁은 짐승들과 다를 바 없으며 더 우월한 종족의 인류만 생산하게 될 것이다.

그럼에도 그렇게 할 것인가? 아니면 그렇게 되도록 보고만 있겠는가?

7   찰스 브래들로Charles Bradlaugh ; 1833-1891
8   애니 베전트Annie Besant ; 1847-1933

우리는 그렇게 할 생각도, 그렇게 내버려 둘 생각도 없다. 아무리 아이들이 병들고 기형이거나 보잘것없어도 꼭 붙잡는 것이 모성이다. 아들딸들은 장애가 있다 한들 부모를 놓지 않는다. 우리는 병약한 아이들이 세상을 떠나도록 그냥 놔두지 않는다. 그리고 더 힘없고 어찌할 수 없는 이들을 세상에 데려오는 일도 멈추지 않는다. 끔찍한 결말 중에는 약한 자와 무력한 자가 아닌 튼튼하고 건강한 사람을 죽이는 전쟁도 있다.

어떻게 해야 할까? 우리는 세 가지 방책 중 하나를 선택할 수 있다. 짐승들이 그렇듯, 과학을 저버리고 약자와 병자들을 죽게 내버려 두거나 죽일 수 있다. 아니면 지구에서 살아가는 동안 과도한 인구밀도를 유지하면서 기근과 전쟁을 겪을 수도 있다. 그것도 아니라면 우리는 제3의 방법인, 이성적이고 도덕적이며 실행 가능한 산아제한 계획을 받아들여야 한다. 그러면 힘없고 기댈 곳 없는, 원치 않는 아이들을 세상에 데려오는 것을 거부할 수 있다. 가족과 국가 그리고 지구가 과밀해지는 것도 막을 수 있다.

세계는 예방 및 치료 과학을 절대 버리지 않을 것이다. 우리의 상상을 초월하여 세계를 향상시키고 확장시키리라 예상된다. 기근을 없애고 전쟁에 맞서려는 노력이 비약적으로 증가하고 있다. 이러한 노력들은 대체로 우리의 현대 사회혁명에 바탕을 두고 있다.

전쟁의 진정한 해결책이자 세 번째 방책인 '산아제한'만 남았다. 이는 1919년 파리에서 열린 평화회의에서 주목받았다. 맬서스 연맹은 1919년 6월 런던에서 열린 평화회의 연례 총회에서 다음과 같은 해결책을 채택한 바 있다.

맬서스 연맹은 국제 연맹을 위한 계획안에 '인구 압박'이라는 중요한 문제가 간과됐다는 점을 지적하고자 한다. 인구 압박은 강력하게 국가 간 경제적 쟁탈과 경쟁의식을 유발하고, 이는 영토의 증가 요구에 대한 정당성을 제기하는 것이다. 따라서 맬서스 연맹은 다음 취지의 조항을 추가해야만 목표를 달성할 수 있다는 국제 연맹의 확신을 기록하기 바란다.

'국제연맹에 가입하고자 하는 국가들은 출생률을 제한하여 자국민이 영토 확장의 요구 없이 자신의 영토에서 편안하게 살 수 있도록 해야 한다. 인구 증가를 영토 증가에 대한 요구 또는 이민자 수용을 강요하는 다른 국가의 요구로 정당화해서는 안 된다. 따라서 국제 연맹의 모든 국가들은 국제적인 경쟁 없이 자국의 자원만으로 살아갈 수 있는 능력을 보여주었을 때, 국제 연맹에 융화되는 위치로 서게 될 것이고, 영토의 경계가 가진 의미는 거의 사라질 것이다.'

물론 미국의 금융가 프랭크 밴덜립[9]이 지적한 바와 같이 평화회의는 이 결의안을 등한시했다. 그뿐만 아니라 세계정세의 경제적 요인을 무시했고 유럽 국가들에서 그들 영토가 감당할 수 있는 수준보다 더 많은 아이들이 태어났다는 사실도 모르는 것 같았다. 그래서 결의안은 선전만 요란하고 실속 없는 속 빈 강정에 지나지 않게 되었다.

이로써 해결책은 오직 여성에 의해 실현 가능하며 여성이 행할 것이다. 여성은 가식적인 애국심과 제국의 영광스러운 부름 그 이상을 넘어서 무엇이 옳고 그른지 제대로 인지할 것이고 인지해야 한다. 군국주의자와 착취자가 어떤 근거로 사람들의 이상주의를 이용하는지 알게 될 것이다. 맹목적인 애국주의자의 헛소리가 스며든 언론의 요란한 외침 속에서, 여성은 '대포의 총알받이'를 요구하는 전 세계 군국주의자의 전형인 나폴레옹의 목소리를 듣게 될 것이다. 목소리는 이렇게 말한다.

여자는 아이를 낳기 위해 우리에게 제공되었다. 여자는 우리의 재산이지만 우리는 여자의 것이 아니다. 여자는 우리를 위해 아이를 낳지만,

9   프랭크 A. 밴덜립Frank Arthur Vanderlip ; 1864-1937

우리는 여성을 위해 아무것도 낳지 않는다. 그러므로 마치 정원에 있는 과실나무가 정원사의 소유물인 것처럼 여성은 우리의 소유물이다.

이것이 제국주의자가 제국의 영광과 국가의 위상에 대해 말하는 방식이다. 어느 나라든 구태의연한 호소가 담긴 제국주의적 발언이 준비되어 있다. 독일의 통치자들은 병사들에게 애국심을 부추길 때마다 노동자의 안위, 노령 연금, 출산 혜택, 최저임금 규정, 그 밖의 물질적인 혜택을 강조한다. 영국이 하는 가장 유력한 주장은 대체로 국가가 국민들에게 일정 수준의 자유를 어디에서든 보장한다는 것이다. 프랑스와 미국 또한 민주주의의 이상에 호소한다. 그러나 두 나라 국민들은 이것이 실질적 자유가 아닌 과거의 눈부신 혁명과 유산 때문이라는 사실을 깨닫기 시작했다. 그럼에도 불구하고 양국의 정치인들은 이 민주주의적 호소를 어떻게 이용하는지 잘 알고 있다. 노령 연금과 물질적 혜택, 임금 조정이라는 허풍, 국가가 호언장담하는 자유, 그리고 폭정 및 제국주의를 행사하기 위해 국민이 최선인 듯 꾸며낸 슬로건과 구태의연한 생각, 이 모든 배후에는 제국주의자들이 있다. 여자는 아이를 낳고 남자는 통치자 뜻에 따라 죽는 것을 책망하면서도 변치 않는 제국주의의 압제를 겪어야 하고 앞으로도 계속될 것이다.

여성에게는 전쟁의 부담과 공포가 가장 심하다. 여자는 남편이나 아들이 집에 와서 땅에 묻히거나 만신창이가 되어 살아 돌아왔을 때 가슴이 미어진다. 아이들을 보살피고 전쟁으로 인해 줄어든 인구를 보충하는 것 외에, 여성은 전쟁 산업에서 노동자 계층을 채우는 역할도 추가로 부여받았다. 그렇게 부여된 임무는 심한 중압감으로 영혼을 병들게 한다. 또한 이 일들이 시작되고 진행되는 곳은 여성의 자궁이다. 여성이 영광과 공포, 허풍과 고통 이면의 것을 보게 될 때 통찰력과 인간관이 생겨나고 비로소 전쟁은 종식될 것이다. 여성은 자궁을 비우는 간단한 과정을 통해 전쟁이 사라지게 할 것이다. 여성은 괴물의 먹이가 될 인간이라는 음식을 더 이상 생산하려고 하지 않을 것이기 때문이다.

14 장

여성과 새로운 윤리

자유에 눈뜬 여성이라면 새로운 성 윤리를 확립할 책임이 있다. 과거에 여성들이 만들어 낸 도덕과 소위 오늘날의 윤리 사이에는 중요한 차이가 있다. 과거의 기준은 무지와 복종에 기반을 둔 반면, 새로운 기준은 지식과 자유에 바탕을 두고 있다.

새로운 기준을 도출함에 있어 산아제한^{Birth Control}은 어떤 역할을 할까? 산아제한의 실천은 여성 윤리가 발전하는 데 어떤 영향을 미칠까? 이를 통해 여성은 아직 이루지 못한 것들을 성취할 수 있을까? 그러기 위해서는 어떻게 해야 할까? 산아제한을 반대하는 이들은 왜 항상 윤리 문제를 제기할까? 페미니즘 정신과 윤리의 관계에 대한 진정한 청사진을 얻기 위해서는 이러한 질문에 답할 수 있어야 한다. 이 질문들에 제대로 답하려면 다음 두 가지를 고려해야 한다. 첫째로 지금의 성 윤리 기준에 관한 근거와 그 기준이 된 이유, 둘째로 새로운 성 윤리의 근거와 개연성 있는 본질이다.

성 윤리에 대한 개념 중 대다수는 기독교 교회, 특히 가장 오래 현존하는 로마 가톨릭에서 비롯되었다. 교회는 일반적으로 '부도덕한 여성'을 결혼 생활 이외의 다른 남자와 관계를 갖는 여성으로 규정했다. 그것이 전부였다. 사실상 교회의 규범은 여성들이 무조건 남편의 요구에 복종하도록 하여 원치 않는 임신을 하도록 만들었다. 주로 기혼 여성 대부분이 분노할 만한 내용으로, 여성을 보호할 수 있는 내용이 전혀 없다. 또한 원치 않는 아이를 낳아 제대로 보살피지 못한 죄, 그로 인해 아이가 비참한 삶을 살도록 한 죄에 대해서도 아무런 말이 없다.

교회가 주장하는 핵심은 결혼을 합법화하고, 결혼의 결과가 어떻든 여성이 감내하도록 강요하는 권한이다. 이러한 상황에서 이혼이라는 해결책이 있다고 하지만, 교회는 결혼식 후 첫날밤을 치르면 혼인 관계는 영원하다는 원칙을 엄격히 고수해 왔다. 이와 같이 운용함으로써 교회의 성 윤리 규범은 기본적인 여성의 성적 권리에 일절 관심이 없을 뿐 아니라, 남편이 아내의 신체와 노동에 대한 권한을 가진 것으로 간주하고 여성에게 노동을 강요한다. 성 윤리는 남성 위주의 규범이며, 여성에게 적용 시 핵심 원칙은 남자에게 복종하는 것이다.

규범들은 복종의 원칙과 밀접한 관련이 있으며 규범에는 성생활 자체가 불결하다는 교리가 밑바탕에 깔려 있다. 그 결과, 교회는 성 생리학이나 성 기능에 대한 모든 지식을 부정하고 금기시하였다. 이러한 교회의 가르침으로 인해 여성의 종속은 확립되었다. 주로 교회의 영향을 받은 국가에 의해, 남성의 필요에 따라 여성은 종속되었다.

이 원칙들이 현재의 윤리적 규범과 일부 변경된 기준을 개발하는 데 어떤 영향을 끼쳤는지 살펴보자. 이 분석을 마치면, 왜 산아제한에 반대하는 사람들이 '윤리'에 대한 문제를 제기하는지 알게 될 것이다.

교회는 여성을 '순수한 상태'로 유지하는 것에 대해 여성들이 모르게 하려고 애써왔다. 이를 위해 교회는 국가를 윤리적 버팀목으로 이용했다. 남자들은 남성 교육에 대한 성직자들의 지배력을 대부분 깨뜨렸다. 남성들이 성서에 나오는 세상의 천지창조를 반박했기 때문에 지질학과 천문학에 대한 금지는 더 이상 효과가 없었다. 의학, 생물학, 진화론은 성직자들이 한목소리로 반대했음에도 불구하고 사회에서 인정받기에 이르렀다. 교회는 여성의 순수함을 파괴하는 것이라고 맹렬히 비난했지만, 여성은 자신을 드러내며 교육받고 공식 강단에서 연설할 수 있는 여성의 권리를 주장했다. 오직 성 문제만이 계속 걱정거리로 남아 있었다.

교회는 성적 지배에서 벗어난 여성이야말로 지식인이 처한 암흑기의 굴레를 끝낼 수 있을 만큼 영적으로 자유롭고 강한 인류를 낳을 수 있다는 사실을 알면서도, 성 문제를 끝까지 모른 체 외면한 것이다.

남자들이 가장 크게 부도덕을 저지른 곳은 결혼 관계의 바깥이 아니라 바로 안에서였다. 교회와 국가는 규율과 법으로 이 부도덕함을 조장했다. 여성이 겪게 되는 가장 큰 난관이 여기에 있다. 자신의 윤리적 개념을 재정비해 새로운 도덕률로 나아가려는 여성에게 말이다.

교회가 패권을 차지하기 위해 온 힘을 기울이던 시절에 외골수 설교자, 개종자, 교사들이 필요했으며, 그때 교회는 사람들에게 결혼 여부와 관계없이 모든 성적 결합은 죄악이라는 생각을 심어주려고 했다. 이 생각은 현재까지도 로마 교회와 다른 많은 기독교 교파들의 교리에 영향을 미친다. 도널드슨[1]이 『초기 기독교 여성의 위치 The Position of Women Among the Early Christians』에서

---

1 제임스 도널드슨James Donaldson ; 1831-1915

지적했듯이, 초창기에 '결혼은 아이를 위해서라도 성욕의 면죄부'였다. '아이는 죄로 잉태'되었으며, 성행위의 결과로 부정한 영혼이 그 아이를 소유하게 되었다고 했다. 이 영혼의 부정함은 오직 세례를 통해서만 씻어낼 수 있으며 로마 가톨릭의 세례는 여전히 다음과 같이 말한다.

그에게서 나가라, 너의 부정한 영을 거두어라.
그리고 성령에게 자리를 내주어라.

존 윌리엄 드레이퍼[2]는 『유럽의 지적 발전의 역사 *A History of the Intellectual Development of Europe*』에서 유럽 초기 교부의 독신에 관한 가르침을 이야기한다.

결혼 관계의 죄악성과 숭고한 순결의 가치는 이 원칙을 따랐다. 만약 이러한 관행을 보편적으로 채택하지 않으면 인간 종족은 곧 소멸되고 하나님께 찬사를 드리기 위해 남아 있을 자는 없을 것이다. 세상에는 언제나 죄인들이 많기에 광신자들은 자신들이 이겨낸 유혹을 기억하면서 그 재앙을 피해야 하고, 악행에서 벗어날 때 선이 도래할 것이다.

2　존 윌리엄 드레이퍼John William Draper ; 1811-1882

성 히에로니무스[3]는 비록 결혼이 대지를 가득 채울지라도 천국을 채워 주는 것은 처녀라는 말로 수태의 의미를 되돌아보게 한다.

초기의 교회는 지구상에 아이들이 충분하다고 가르쳤다. 교회에 아기들보다 더 필요한 존재는 선교사였으며, 아이가 태어날 때의 울부짖음은 너무나 추악한 세상에 태어나는 것에 대한 저항이라는 생각을 추종자들에게 심어주었다.

이로써 성 문제에서 교회의 엄청난 모순 중 하나가 드러났다. '초기 교부'의 가르침은 절대적인 성욕 억제로 산아제한을 강요하려는 시도에 대해 옹호 효과가 있었지만, 훗날 "생육하고 번성하라Be fruitful and multiply"라는 모세의 계율로 바뀌었다.

인간의 성적 욕구는 교회가 일반 신도들을 대상으로 하는 금욕 교육을 포기하도록 했다. 결혼한 기독교인보다 결혼하지 않은 기독교인을 선호한 바울은 이러한 힘의 파급 효과를 알고 있었다. 고린도전서First Epistle to the Corinthians 7장에서 그는 다음과 같이 말했다.

8절 - 내가 결혼하지 아니한 자들과 과부들에게 이르노니 나와 같이

---

3 성 히에로니무스Saint Jerome ; c. AD 342-AD 420

그냥 지내는 것이 좋으니라.

9절 - 만일 절제할 수 없거든 결혼하라, 정욕이 불같이 타는 것보다 결혼하는 것이 나으니라.

교회는 엄격한 종교 기관이 아닌 정치 세력이 되었고, 점점 팽창하는 조직을 유지하기 위해 많은 신도가 필요하게 되어 출산을 장려하게 되었다. 이때 교회는 자신들의 이익을 챙기기 위해 성적 욕구를 이용하기 시작했다. 아이들에 관한 입장을 번복한 것이다. 교회의 통제하에서 결혼을 장려하고 여성들에게 가능한 한 많은 아이를 낳으라고 권장했다. 너무나 지저분한 세상에서 갓난아기들의 통곡은 애처롭기 짝이 없었지만, 지배층의 요구는 달라져 있었다. 이에 교회는 성 윤리의 기준을 자신들의 요구 조건에 맞게 수정했다. 결혼은 이제 성스러운 의식이 되었다.

교회는 정책 전반을 독신에서 결혼으로 재빨리 바꿨다. 자신들의 이익을 위해 여성의 복종을 요구하는 교리를 계속 유지했다. 이 교리는 베드로전서 3장과 에베소서 5장에서 강조된다. 에베소서는 다음과 같이 말한다.

22절 - 여자들이여, 자기 남편에게 복종하기를 주께 하듯 하라.

23절 - 이는 남편이 아내의 머리 됨이 그리스도께서 교회의 머리 됨과 같음이니 그가 친히 몸의 구주시니라.

24절 - 그러나 교회가 그리스도에게 하듯 아내들도 범사에 자기 남편에게 복종할지니라.

이와 같은 교리는 성생활 자체가 부정하다는 가르침과 함께 로마 교회가 정한 도덕의 근간을 형성했다. 또한 오늘날 개신교 교회에서 주로 사용하는 성 제임스St. James 버전과 비교해보면 알겠지만, 세부 내용은 로마 가톨릭 버전과 크게 다르지 않다.

만일 기독교가 전체적인 진보의 시계를 천 년 뒤로 돌렸다고 본다면, 여자의 시계는 2천 년은 족히 되돌린 셈이다. 여자들을 격분하게 만드는 가장 큰 요인은 어떤 상황에서도 모성 기능을 통제하지 못하게 한 것이다. 그래서 여자의 일은 평생 아이를 낳고 기르는 것으로 제한되었다. 이와 동시에 성직자들은 법원, 학교, 문학, 예술, 사회에서 여성의 자리를 빼앗았다. 이들은 여자의 정신과 마음으로부터 애정 생활과 생산 기능에 대한 지식을 차단했다. 또한 여자들을 한곳에 밀어 넣고 속박했다. 이러한 이유로 여자들은 수 세기 동안 노력한 후에야 빼앗긴 것을 되찾기 시작한 것이다. 도날드슨은 다음과 같이 주장한다.

기독교는 여성들에게 아주 좋지 않은 영향을 주었다. 여성의 본성을 경시하고 활동 범위를 위축시키는 경향이 있었다. 기독교가 세상에 등장할 당시, 로마의 여성들은 커다란 자유와 권력, 영향력을 갖고 있었다. 여성을 구속하려는 관습이 존재했지만, 당시 여성들은 구시대의 법률이라는 족쇄에서 벗어나 자유를 누리고 있었다. 이들은 사회적으로도 자유롭게 교제했다. 여성들은 얼굴을 가리지 않고 번화한 도심지를 활보했다. 남자들과도 자유롭게 식사를 했다. 로마의 여성들은 문학과 철학을 공부했다. 정치 운동에도 참여했다. 마음만 먹으면 자신의 법적 문제를 스스로 변호할 수 있었다. 남편을 도와 지역 통치에 관여하기도 했고 책도 저술했다.

기독교는 여성의 자유를 확장하고자 했을 것이다. 그러나 얼마 지나지 않아 여성들의 역할은 순교자와 여집사(혹은 수녀), 이 두 방면에만 국한됐다. 초기 기독교인들이 한 일은 남자에게서 남성다움을, 여자에게서 인간을 빼내는 것이었다. 남자는 가장 고귀하고 고상한 목적의 일을 하기 위해 만들어진 인간이고, 여자는 오직 한 남자만을 섬기도록 만들어진 존재였다.

그리하여 그리스와 로마의 여성들이 매우 자발적인 모성

으로 가족 수를 제한하면서 획득한 입지는 세차게 몰아치는 기독교라는 조류에 허무하게 휩쓸려 갔다. 이 가혹한 결과는 사전에 계획된 것으로 보이며, 초창기 기독교에서 페미니즘 정신의 창조력, 즉 여성이 자신의 목표를 고수하려는 힘을 인식한 지배 계층 사이에서 일어난 것으로 보인다. 확실한 것은 지배층이 여성의 전반적인 애정 생활을 퇴폐적이라는 분위기로 몰아갔다는 점이다.

두려움과 수치심은 마치 수호자인 양 지식과 건설적인 이상주의의 문을 가로막고 엄숙하게 서 있었다. 여성의 성생활은 먹구름에 가려져 있었고, 억압적이고 병적인 상태가 되었다. 여성은 자신에 대해 알 기회가 없었으며, 자신의 욕구에 따라 내적 본성을 만들어 갈 기회조차 허락되지 않았다. 실용적이면서도 이상적이고 높은 수준의 도덕성 말이다.

반면 교회와 국가는 여자가 자신의 법적 배우자를 떠나는 것을 금했다. 남편이 아무리 불결해도, 술주정뱅이거나 병약해도, 아무리 혐오스러워도 그리고 남편의 아이를 낳는 것이 아무리 큰 죄가 될지언정, 여성이 성교 행위를 거부하는 것을 금지했다.

여성이 당하는 강간은 제도적으로 합법적인 경우가 불법적인 것보다 100만 대 1의 비율로 훨씬 많으며, 이로 인한 고

1955년 도쿄에서 열린 제5차 국제 산아제한 컨퍼런스에서 수석 연사인 마거릿 생어가 연설하고 있다. 컨퍼런스는 당시 인구 과잉 국가 중 하나였던 일본에서 개최되었다. 국제가족계획연맹 회장인 생어는 미국의 한 과학자가 사탕처럼 먹을 수 있는 작은 '경구 피임약' 개발을 거의 완성하였다고 밝히면서 "이것은 세계에 혁명을 일으킬 수 있는 발견"이라고 했다.

통은 지금도 마찬가지다. 또한 아이에게 신체와 정신 측면에서 인생의 출발 선상이 공평한지에 대해 아무런 말도 하지 못했다. 자신의 몸이 과도한 출산으로 망가질지 모르는데도 출산 여부를 스스로 결정할 수 없었다. 원하지 않는 아이들을 돌보는 부담에 대해 불평하지 말라는 엄명만 받았을 뿐이다. 결혼한 여자 중에서도 남편의 가장 큰 이해와 배려로 꾸준히 사랑받는 여성만이 이 같은 공포에서 벗어날 수 있었다. 결혼한 여성들이 부당함을 겪는 동안에도, 문란하고 부정한 행위나 강간을 저지른 사람들의 행위는 대수롭지 않게 여겨졌다.

이러한 현실에 저항하듯, 여성의 마음속에는 새로운 성 윤리가 움트고 있다. 이처럼 새로운 성에 대한 이상을 창조하는 것은 교회에 대한 도전과 다름없다. 교회에 대한 도전일 뿐만 아니라, 다소 약한 감은 있지만 국가에 대한 도전이기도 하다. 곧 수립될 성 이상에 대한 기준을 두려움 없이 받아들이는 여성은 틀림없이 모든 부류의 보수주의자들로부터 공격받게 될 것이다. 제국주의자들과 착취자들은 열린 장소에서 가장 열심히 싸우겠지만 성직자들은 어둠 속에서 더 오랫동안 싸울 것이다. 성직자들은 모든 상황을 가장 잘 이해하고 있다. 자유를 획득한 여성의 윤리에서 어떤 반발을 가장 두려워해야 하는지 아주 잘 알고 있다. 왜냐하면 교회는 항상 여성의 자유에 대한 정신적 잠재력을 알았고 두려워해 왔기 때문이다.

그리고 왜 산아제한의 반대자가 도덕적인 문제를 제기하는가 하는 질문에 대한 답이 여기에 있다. 여성에 대한 성 윤리는 편파적이었다. 순전히 부정적이고 강제적이었을 뿐 아니라 억압적이었다. 여성들을 계속 노예로 삼으려고 하는 조직들이 성 윤리를 확립했다. 지금도 마찬가지로 교회, 국가 그리고 남자에게 유리한 쪽으로만 여성을 이용하고 있다. 여성들이 혼자 힘으로 살아가고 생각할 수 있도록 하는 자유를 위한 어떤 수단도 이 이기적인 조직들은 부도덕하다며 공격을 퍼부을 것이다.

산아제한의 실천이 여성의 윤리적 발전에 어떤 영향을 미칠까? 앞에서 살펴보았듯이 산아제한은 여성을 속박에서 벗어나게 해줄 것이다. 여성은 자기 자신과 다른 여성들의 열망과 영적 욕구를 잘 이해할 수 있을 것이다. 그리고 모성 본능과 별개로, 독자적인 애정 본능을 발전시킬 수 있을 것이다. 자녀를 원해서 낳고, 제대로 돌볼 수 있고 정신적으로나 육체적으로 스스로 건강함을 유지할 수 있을 정도의 자녀를 둔 어머니가 가능해진다. 이들은 원치 않는 대가족 때문에 너무 많은 일을 한 탓에 약해져서 불평을 늘어놓기보다 자식들에 대한 의무를 훨씬 더 잘 이행할 수 있다는 것은 두말할 나위가 없다.

여성이 발전하기 위한 길은 두 가지가 있다. 하나는 여성 자신의 완전한 삶을 통한 길이며, 다른 한 가지는 진심으로 구속받지 않고 자녀와의 관계에 최선을 다함으로써 얻는 길이다. 모성애라는 꽃은 여성이 자신의 영혼에 향기를 불어넣을 기회를 갖게 할 것이고, 자녀의 다정하고 애정 어린 수호자가 될 기회를 갖도록 할 것이다. 또한 여성은 배우자와의 애정 생활도 성숙함과 완벽함 속에서 유지할 것이다. 더 깊은 열정으로 아이들을 원할 것이며, 무엇보다 아이들을 더 큰 사랑으로 대할 것이다.

성생활 자체가 부정하다는 오랜 가르침에도 불구하고, 남녀 간의 위대한 사랑이 성스럽고 영적인 성장을 가능하게 하리라고 세상의 인식은 바뀌어 왔다. 원치 않는 아이에 대한 두려움이 사라지면, 여성은 많은 분야에서 동지애를 가질 것이고 단연코 일상의 사랑을 최대한 아름답게 진전시킬 만한 충분한 시간을 확보할 것이다. 이와 같은 확신은 여성 내면에 가장 깊숙이 자리한 고매한 자아를 통해, 여성이 이제껏 도달한 적이 없는 최고의 영적 수준까지 끌어올릴 것이다. 그렇게 되면 간절히 바라던 아이가 이 세상에 왔을 때, 여성은 오늘날 원치 않는 아이들을 낳았을 때처럼 노예나 가난뱅이처럼 살지 않고, 모든 면에서 풍요로운 삶을 살게 될 것이다.

방금 설명한 영적으로 충만한 여성의 삶이 윤리적으로 더 건강하게 성장할 수 있는 근거가 또 있을까? 여성 본성의 성역 속에 깃든 페미니즘 정신을 자유롭게 따라가면, 여성은 일상에서 이 정신을 방해받거나 침해받지 않는 높은 이상의 경지로 끌어올리게 될 것이다. 여성의 배우자에 대한 사랑은 육체·정신·영적 존재의 자연스러운 표현이기 때문에 순수하고 아름다운 행동 속에서 꽃필 것이다. 높은 경지로 도달하기에 원하는 아이들을 향한 사랑도 고매한 꽃을 피우게 될 것이다.

여성 본성의 도덕적 원동력이 구속받지 않을 때, 그 자체의 역동적인 힘은 여성을 교회 윤리의 낡은 기준을 고수하는 자들이 상상할 수도 없는 차원으로 끌어올릴 것이다. 사랑은 우주의 가장 큰 힘이다. 복종과 원치 않는 자손의 속박에서 해방될 때, 평범한 도덕주의자들이 지닌 최고 가치를 훨씬 뛰어넘은 순수함의 형태로 여성의 윤리는 창조될 것이다. 기쁨과 활력이 넘치는 페미니즘 정신은 그 자체로 높은 차원의 윤리관을 형성할 것이다. 자유로운 여성 본성은 풍부하고 깊은 경험 속에서 여성이라는 존재의 내적 요구를 주시하고 따를 것이다. 여기에 최선을 다하는 법을 배우는 방식이 존재의 도덕적 법칙이라고 할 수 있다. 따라서 궁극적으로 새로운 윤리가 어떤 말로 표현되든, 이것은 적어도 특정한 요구 조건을 충족 시키는 것임을 확신할 수 있다.

우선 이 윤리는 여성 고유의 신체·정신적 요구 조건을 충족시킬 것이다. 여성은 이 요구들이 충족되기 전까지는 여성의 역할을 제대로 수행할 수 없다. 다음으로 아이는 새로운 생명을 낳기를 열망하는 사랑 속에서 잉태되어야 하고, 가정은 가족 간의 믿음으로 아이를 맞이할 준비가 제대로 되어 있어야 한다는 요건을 충족시킬 것이다.

결과적으로 이 상황에는 많은 조건이 내포되어 있다. 가장 중요한 전제는 생리학적으로나 정신적인 측면에서 여성의 성적 본질에 대한 지식이다. 여성은 자신의 육체 자체와 관리, 몸이 요구하는 것은 물론, 성적인 힘과 성욕의 사용 및 남용 사례를 알아야 한다. 더불어 인류의 발전을 위해 이 힘을 제어하는 법을 알아야 한다. 그래야만 오랫동안 인류에 대물림되었던 노예 생활을 벗어나는 능력을 자녀들에게 물려줄 수 있다.

이를 성취하기 위해서는 산아제한에 대한 지식이 있어야 한다. 또한 자신의 내면이 원하지 않으면 부부간의 성교를 거절할 권리를 계속 주장할 수 있어야 한다.

진실이 자유로움을 만든다. 이 창조적 욕구의 아름다움과

경이로움은 진정으로 본질적인 순수함을 확실하게 보여줄 것이다. 그러면 우리는 모든 인간 삶의 근간인 육체적이고 정신적인 표현을 본능적으로 이상화하여 성스럽게 유지할 수 있으며, 그와 같은 성 관념을 지향하는 인류가 될 것이다.

'우연'의 소산물, 즉 원치 않았던 두려운 존재인 자녀에게 무엇을 기대할 수 있을까? 굴욕적이고 수치스러운 분위기 속에서 여성의 육체적 결합을 에워싸고 있는 도덕률에 무엇을 바랄 수 있겠는가? 남편이 아내에게 제멋대로 성병을 옮길 수 있게 하는 윤리에 과연 무슨 말을 할 수 있겠는가?

성적 충동이라는 문제를 은폐시킴으로써 성 윤리는 밑바닥까지 떨어졌다. 진정한 성적 본성과 목적을 인식하면 틀림없이 인류는 영적 자유를 획득하게 될 것이다. 성에 대한 지식이 증가하면, 우리는 전반적으로 새롭고 건전한 이상을 도모할 수 있을 것이다. 성에 대한 이해가 늘어날수록 성에 대해 전에 없던 이상을 발전시킬 것이다. 이러한 이상은 여성의 가장 깊숙한 내면에서 생겨날 것이고, 인류의 요구를 충족시키며 나타낼 것이다. 그리고 성적 본성의 근원이자 영혼이며 온전한 영광인 충동을 충만하게 만들 수 있는 윤리적 규범의 토대가 될 것이다.

여성이 성에 관한 사고의 기준을 높이고 인간의 정신에서

성의 부정한 관념을 몰아낼 때, 인류의 원천은 정화될 것이다. 이때 우리의 어머니들은 순수함과 기쁨 속에서 윤리적으로나 정신적으로 자유로운 인류를 세상에 데려올 것이다.

15 장

여성의 윤리와 외설법

새로운 인류를 위한 수단으로 산아제한을 요구하는 여성들 앞에는 중요한 의무가 하나 놓여 있다. 소위 이 시대의 외설법obscenity laws을 개정하는 것이다. 이 일은 쉽지 않아 보인다. 일반적으로 법령은 개정하는 것이 제정하는 것보다 훨씬 더 어렵기 때문이다. 법은 좀처럼 옹호자들이 원하는 방향으로 만들어지지 않는다. 특히 이 '외설법'은 사람을 기만하는 수준이다.

이 법규들은 분명히 외설적이고 음란한 행위로부터 사회를 보호하기 위해 제정되었지만, 인간 노예 해방론자인 포렐[1]과 엘리스[2]의 과학적 연구와 표면적으로 같은 목표를 내세우는

1   오귀스트 포렐Auguste Forel ; 1848-1931
2   헨리 해블록 엘리스Henry Havelock Ellis ; 1859~1939

허접한 유인물 간에 차이를 두지 않는다. 상황이 이렇다 보니 순진한 여자들이 소스라치게 놀랄 만한 사진을 보고 킬킬거리는 형사들과 편협한 판사나 검사가 한통속이 되어, 남녀가 더 높은 육체·정신·도덕·영적 기준에 도달할 수 있게 할 과학적 연구들과 산아제한 논문들을 금지하는 것도 당연하다.

자유를 고수하고 더 나은 세상을 창조하려는 여성들은 자신의 순결을 지키려면 계속 무지해야 한다는 명분으로 자신을 가두는 외설적이고 부정한 요구에 굴복하지 않을 것이다. 산아제한 운동에서 여성은 이미 법의 개입 없이 자신의 성적 본능과 관련된 모든 알 권리를 위해 싸우기 시작했다. 이것은 미국 땅에서 전반적인 자유를 위한 세 번째 투쟁이자 가장 획기적이고 중요한 싸움이다. 인류의 중대한 원천을 정화하고 인류를 완전히 자유롭게 할 수 있기 때문에 가장 중요한 일이기도 하다.

알다시피 자유를 위한 3대 위대한 투쟁 중 최초이자 가장 극적인 저항은 미국 독립 혁명이었고, 이는 최고조에 달했다. 독립 혁명은 목적을 위해 선택할 수 있는 정치적 신념과 그 신념에 따라 행동할 권리를 추구했다. 만약 지금 우리가 이 정치적 자유를 잃는다면, 선조들이 싸워서 쟁취한 자유를 제대로 지키지 못했기 때문일 것이다.

혁명 후 약 100년이 지난 뒤에 종교적 자유를 위한 싸움은 로버트 G. 잉거솔[3]에서 절정에 이르렀다. 실행되지는 못했지만, 그가 제시하고 주장한 종교에 관한 자유로운 의견은 신성모독법을 구시대 폭정자들의 헛간으로 몰았다. 아직 법령집에 남아 있는 사람들이 간혹 소환되지만, 법령을 시행하려는 노력은 거의 없다.

지금은 거의 잊힌 신성모독법처럼, 비극적으로 결합된 부정한 윤리 기준과 악명 높은 외설법은 몇 년 내에 대중들에게는 터무니없는 것으로 여겨질 것이다. 만약 외설법이 급히 개정되거나 폐지되지 않는다면, 여성의 발전에 필요한 시도를 환영하는 대중의 비난이 이어질 것이고, 이에 감히 맞설 보수주의자는 거의 없을 것이다.

프랑스에는 '영구 양도(과거에 종교 단체 등에 했던 부동산의 영구적인 양도)' 일명 죽음의 손dead hand에 관한 이야기가 있다. 과거에 이 손은 진보를 막기 위해 현대적 이상에서 솟아오르는 불꽃을 사그라지게 하고, 쇠사슬을 끊으면 다시 만들면서 현재에 이르렀다. 죽음의 손은 지구에 살지만, 인류를 사랑하지 않는 자들의 손이다. 이 손은 진보와 자유를 두려워하는 자들

---

3   로버트 G. 잉거솔Robert Green Ingersol ; 1833-1899

의 요구에 따라, 생명을 억압하는 잊힌 존재의 암울함에서 나온다.

죽음의 손은 산아제한에 관한 모든 직접적인 정보를 외설법 안에 꼭꼭 숨긴다. 또한 수백만 명의 미국 여성들을 계속 모성에 속박된 상태로 억압한다. 1868년 이전에는 미국 여러 주의 외설법에 피임 관련 정보의 구체적인 금지 조항이 포함되어 있지 않았다. 그러나 같은 해에 뉴욕 총회에서 피임이라는 주제가 구체적으로 포함된 법안이 통과되었다. 이 법안은 법에서 문제시하는 그림과 글을 드러내어 설명하고 전시하는 것을 큰 위법 행위로 간주했다.

1873년 앤서니 콤스톡[4]은 기부자 명단을 가지고 있었다. 이들 대부분은 그가 하려는 일의 실질적인 결과를 제대로 알지 못했다. 콤스톡은 소위 '부도덕방지협회'를 설립했고, 피임에 관한 정보와 광고를 음란물로 규정하는 내용이 포함된 연방의 외설법을 통과시키는 데 성공했다. 이 법안은 학생들 사이에서 음란한 문학과 그림이 유포되는 것을 막기 위해 상정되었는데, 의회 폐회 시간에 260개의 다른 법령과 함께 졸속으로 처리되었다. 이로 인해 피임 기구나 피임 관련 정보 전달을

4   앤서니 콤스톡Anthony Comstock ; 1844-1915

위한 우편물 사용이 범죄가 되었다. 이후 우편뿐 아니라 택배 회사나 일반 운송 업체에도 관련된 법들이 적용되었다.

법안이 급하게 통과된 탓에 대다수 국회의원이 이해하기 어려운 선례가 확립된 것이었고, 콤스톡은 동일한 효력이 있는 주법을 확실하게 제정했다. 한편 피임 기구에 관한 조항은 1872년 개정된 뉴욕주법에서 삭제되었다. 그러나 1873년, 콤스톡이 직접 초안을 작성했다고 알려진 새로운 항목이 1872년 제정된 항목으로 대체됐고, 이 항목이 현재 법률의 본질적인 핵심이다. 이 중 어떤 법도 임신을 예방하는 것을 위법이라고 규정하지 않았지만, 모든 법률에서 임신 예방에 관한 정보를 유포하는 사람은 모두 처벌 대상이다. 연방법에서는 최고 형량이 5,000달러의 벌금이나 5년 징역, 또는 두 가지 모두로 병과†되었다. 대부분의 주법에서 일반적인 최고 형량은 1,000달러의 벌금이나 1년의 징역, 또는 두 가지 모두다.

콤스톡은 대중에게 환영받지 못했다. 육체는 땅에 묻혔지만, 생전에 그가 행한 악행은 계속 그의 뒤를 따라다닌다. 그의 죽음의 손은 여전히 피임라는 주제에 손을 뻗치고 있어서, 부정하고 사악한 것들과 동일한 범주에 있다. 40년 전에 법이 개정되었고 콤스톡의 주요 업적은 달성되었다. 이 법들은 계속해서 살아남은, 무지와 억압의 법적 기념물이다. 이러한 법들을 통해, 이 죽음의 손은 매년 수십만 명의 여성들을 수술대에 올려 낙태로 고통을 겪게 한다. 매년 이 손은 수십만 명에게 출산을 강요하고, 아이들을 생후 12개월도 채 못 되어 죽음에 이르게 한다.

법령집에 있는 대다수 법처럼, 이 법들은 집요하고 교묘하게 여성의 권리를 침해하고 있다. 부유층에서는 단 한순간도 이 법을 따를 것이라 생각하는 사람은 거의 없을 것이다. 그들은 자신의 가족 구성원을 제대로 돌볼 수 있는 수준인 하나, 둘 또는 셋 정도로 제한한다. 콤스톡 협회가 고용한 탐정의 함정에 빠진 산아제한 지지자를 기소하는 검사는 보통 아이가 전혀 없거나 가족 규모가 적은 경우가 많다. 사건을 판결하는 판사의 가족 수는 더 적을 수도 있다. "그것이 법이다*It is the law*"라는 말은 이 고위 공무원들이 법정에서 형을 선고할 때의 모든 상황을 압축한다. 하지만 이 말은 마법 같아서, 공무원들의 사생활에서는 전혀 중요하지 않다. 이들은 더 높은 자신들만의 법칙을 따른다. 다른 사람에게는 이 법들을 집행하면서도, 정작 자기들은 이 구식 법령을 어긴다.

그러나 미국의 가난한 사람들의 경우에는 상황이 다르다. 빈곤층 대다수가 신뢰할 만한 피임법에 대해 전혀 모르기 때문이다. 사회 빈곤 계층의 여성들은 피임을 금지하는 법규를 지키면서, 아이들이 빈곤과 질병 그리고 불행으로 가득한 세상에 살도록 데려오면 안 된다는 자신의 내적 생명의 원칙을 위반한다. 그리고 자연의 첫 번째 법칙인 자기보존의 법칙을 깨뜨린다. 그릇된 도덕관에 사로잡혀서, 거짓된 종교 관념에 속박되어, 잘못된 법에 방해를 받아서, 이들은 너무나 커지는 압박감을 도덕, 종교, 법이 구속하지 못할 때까지 견뎌낸다. 그러고 나서 외과 의사의 기구에 의지하여 잠시 숨을 돌린다.

수년간 콤스톡 조직의 반공식적인 마녀사냥은 놀라울 정도로 치명적인 영향을 끼쳤다. 금지된 주제인 성性에 대해 또는 가족 제한에 대한 진상을 밝히려고 한 소설가, 수필가, 홍보전문가, 선전가, 예술가는 적발되면 모두 기소되었다. 금지된 많은 책들 중에는 젊은 남녀들에게 성병과 성적 오류의 함정에 빠지지 말라고 경고하는 의사들의 저서들이 있었다. 어둠은 성의 모든 분야를 완벽할 정도로 견고하게 에워싸고 있었다.

그 이후로 각성한 미국의 여성들은 감정이 고조되었다. 여성들은 다양한 산업 분야로 활발히 진출했고, 사회 하위 계층의 환경은 더욱 열악해지고 빈곤층은 증가해 갔다. 대중의 양심을 일깨우는 일 등이 작용하여, 여성이 스스로를 구원하기 위해 자신의 육체를 통제할 수 있는 권리에 대한 요구가 더 강력해지고 왕성해졌다.

　이 무자비하고 부당한 법에 공개적으로 저항하는 사람들뿐만 아니라, 법적 조치를 절대적 믿는 사람들도 지금의 불결하고 외설적인 분류에서 피임에 관한 항목을 삭제해야 한다고 주장하며 외설법의 개정을 요구하고 있다.

　제안된 대표적인 개정은 컬럼비아대학의 새뮤얼 매큔 린제이[5]의 주도로 작성된 뉴욕주 법령이다. 그는 아래 밑줄의 글을 추가할 것을 제안한다.

"(1145조) 의사의 기구 및 정보. 의사가 질병의 치료나 예방을 위해 합법적으로 실행하거나 의사의 지시나 처방에 의해 사용되고 적용되는 물건이나 기구는 이 항목에서 말하는 외설적이거나 비도덕적인 유형이거나 용도에 해당하지 않는다. 정식 면허가 있는 의사 또는 공인 간호사가 합법적으로 실행하거나 관련 정보나 조언을 제공하는 것, 또는 임신 방지를 위한 모든 물품이나 의약품을 누구에게든 공급하는 것은 이 항목의 어떤 조항에도 위배되지 않는다."

　이 개정안에는 간호사뿐만 아니라, 조산사가 반드시 포함

5　새뮤얼 매큔 린제이Samuel McCune Lindsay ; 1869-1959

되어야 한다. 간호사나 의사를 만날 수 없는 여성이 수없이 많기 때문이다. 이 항목에 따르면 현재 상황에서도 의사들은 피임 방법을 처방할 권리가 있지만, 의사 중 누구도 이 권리가 있다고 주장하지 않는다. 심지어 권리가 있다는 것을 아는 사람도 거의 없다. 그러나 우리가 뒤에서 다루게 될 생어 사건에 대한 법원의 의견을 더 깊게 생각해 보면 알 수 있듯이, 이 권리는 분명히 존재하며 뉴욕주 항소 법원에서도 분명히 언명했다. 의사와 관련된 법의 의도를 명확히 하는 것은 해가 되지 않으며, 이 항목에서 간호사와 조산사를 포함시키는 것은 엄청난 진전이라고 할 수 있다. 이 내용을 추가함에 따라 미국 여성의 자유와 진보에 가장 심각한 장애물 중 하나가 제거될 것이다. 일반적으로 여성 복지에 관심이 있는 모든 여자들은 이와 같은 외설법의 개정을 강력히 주장해야 한다.

이 조항은 아프거나 확실하게 아프게 될 경우의 여성을 위한 것이지만, 아직 임신으로 건강을 해치지 않았고 임신으로 인한 합병증도 걸리지 않은 수많은 여성의 경우는 고려하지 않았다. 이 개정 사항이 모든 주에서 법률에 첨부된다고 해도, 여전히 할 일은 많이 남아 있다.

현재 두 자녀를 둔 건강한 어머니를 무작정 낙태 시술자의 손에 맡겨야 할까? 과로로 인해 건강이 계속 좋지 않고, 눈

앞에서 굶주림으로 아이가 죽어가는데 좋아할 어머니가 있을까? 여성이 투표권을 갖게 된 지금, 산아제한 정보 전달에 반하는 모든 법률을 하루빨리 폐지하는 것은 여성 본인과 사회에 대한 의무다. 여성은 우선 이 제한적인 법령에 대해 자신의 정치적 영향력을 이용하여 반기를 들어야 한다. 피임 옹호에 반대하는 지방 검사가 있어도 여성이 몇 년 동안 투표한 주에서 이러한 법을 폐지하려고 노력하지 않았다는 것은 칭찬받을 일이 아니다.

이제 여성들이 기본적인 권리에 대해 주장할 때가 되었으며, 우선 투표용지를 이 방향으로 활용해야 한다. 이 법은 남자들에 의해 만들어졌으며 수없이 많은 여성의 순교와 사망의 징검다리 역할을 했다. 여성들은 이제 이 법규들을 쓰레기 더미로 몰아넣을 기회를 잡았다. 수많은 세월 동안 자신을 무기력한 존재로 만든 남성들처럼, 여성 또한 정치적 명예를 위해 투표권을 행사하지 않는다면 그들처럼 될 것이다.

여성이 다가올 결말을 위해 실행할 마음을 굳히기까지 얼마나 시간이 걸릴지가 문제일 뿐이다. 여성의 존재에 대한 법은 어떠한 법보다 강력하며, 남성이 만든 법은 조만간 이 법으로 바뀔 것이다. 남성은 여자의 가장 필수적인 문제에서 여성을 보호하지 못했지만, 여성은 깨어 있는 한 이 사실을 깨닫고 스스로 자기주장을 해야 할 것이다. 이제 여성이 집단으로 행동한다면, 현실을 자각하고 목표를 향해 움직이고 있다는 또 다른 환호의 증거가 될 것이다.

16 장

미국에는 왜
산아제한 클리닉이 없나?

* 이 장은 실제 《아메리칸 메디신》(뉴욕) 1920년 3월 호에 같은 제목으로 출간되었으나, 출판물에 대한 양해를 얻어 이 책에 수록했다.

질병 악화를 방지하기 위해 치료라는 명목으로 매년 수천 명의 여성에게 낙태를 허용하는 이 말도 안 되는 잔혹 행위를 의료계는 더 이상 간과해서는 안 된다. 피임에 대해 모르기 때문에 그리고 질병에 걸린 환자가 임신을 할 수 있도록 허용하는 관행으로 수많은 피해가 발생하고 있다. 의사가 만삭인 환자들이 이러한 관행으로 병이 악화되어 죽음에 이를 수 있다는 사실을 알고 있다면, 이에 대한 책임은 전적으로 의사에게 있다.

이러한 질병은 어떤 것들이며, 임신했을 때 어떤 위험을 수반할지는 모든 현역 의사들에게 잘 알려져 있다. 전문가들도 이 상황을 지적하는 데 소홀함이 없다. 이들은 자신의 분야에서 명성을 쌓기 위해 혹은 명성을 유지하기 위해 서로에게 끊임없이 외친다. "환자에게 아이를 낳게 하지 마라. 임신하게 하지 마라."

결핵에 걸린 여성들이 가장 위험해 보인다. 존스 홉킨스 병원 산부인과 과장인 J. 휘트리지 윌리엄스[1] 박사는 산부인과학 논문에서 "임신 중이나 출산 후에 결핵 진행이 악화되는 현실에 비추어 볼 때, 일반적으로 대부분의 관련 기관들은 모든 결핵 여성들에게 낙태할 것을 권유한다"라고 말했다. 채링 크로스 병원의 산부인과 전문의자 유명한 영국 병원의 의사인 토마스 와츠 이든[2] 박사는 자신의 저서 『실용 산부인과학*Practical Obstetrics*』에서 이 내용을 완성하지는 못했지만, 이전보다 더 확장했다.

다음에 열거된 특정 항목들은 낙태 유도의 절대적 징후들이다. 신장염, 비보상 심장판막증, 중증 결핵, 정신이상, 불치의 악성종양, 포상기태, 자궁출혈 과다, 급성 양수 과다 등.

낙태는 제대로 갖춰진 환경에서 숙련의에게 시행되면, 환자의 생명에는 거의 지장이 없으며, 특정 질병이 있어도 낙태

---

1   J. 휘트리지 윌리엄스John Whitridge Williams ; 1866-1931
2   토마스 와츠 이든Thomas Watts Eden ; 1863-1946

후에 이 질병을 임신 중보다 더 손쉽게 치료할 수 있다고 알려져 있다. 하지만 더 쉽고 더 안전하며, 덜 혐오스러운 과정을 택하여 임신을 사전에 완전히 방지할 수는 없을까? 수천 명의 여성이 왜 매년 이런 고통이 따르고 위험에 빠질 수도 있는 낙태를 경험하는 걸까?

"다시는 이런 식으로 하지 마라!"라는 부질없는 충고와 임신이 심각한 위협이 되는 여성을 계속 집으로 돌려보내는 이유는 무엇일까? 이들은 열정의 세대라며, 열정을 표출해야 한다고 주장하는 남편들에게 되돌려 보내진다. 위험한 임신을 예방하는 방법에 대한 정보를 받지 못한 채 돌아가고, 아마도 자신의 안전을 남편의 성욕 억제에 맡길 것으로 예상된다. 아내와 남편은 다시 또 같은 상황을 맞게 된다. 이 환자는 낙태하기 위해 몇 달 만에 다시 병원에 찾아와서 다시는 그렇게 하지 말라는 말을 한 번 더 듣는다.

어떤 의사도 이 상황이 과장되었다고 생각하지 않을 것이다. 나는 이런 사례를 수없이 많이 지켜봤다. 최근에 내가 본 것은 신장병으로 고생하고 있는 여성의 사례다. 이 여성은 사무실이나 길거리에서 쓰러져 다섯 번이나 구급차에 실려 산부인과 병원으로 옮겨졌다. 미국 최고의 산부인과 의사 중 한 명은 이런 경험이 반복되는 것을 막을 피임 방법에 대한 정보를

1916년 10월 뉴욕 브루클린의 앰버 스트리트에 있는 마거릿 생어 클리닉 앞의 모습으로, 유모차 옆에 여성과 남성이 앉아 있다.
이 클리닉은 나중에 미국가족계획연맹The Planned Parenthood of America으로 발전한다.

주지 않고 이 여성을 세 번이나 돌려보냈다.

왜 이와 같은 상황이 생기는 걸까? 우리는 의사들의 좋은 의도나 고귀한 목적을 의심하지 않는다. 의사들이 높은 윤리 기준을 준수하고 있으며, 인류의 발전을 위해 일하고 있다는 것을 알고 있다. 그런데도 너무나 터무니없는 상황이 벌어지고 있다. 도대체 어떻게 된 것일까?

이 상황에까지 이르게 된 데에는 몇 가지 원인이 있다. 첫째, 피임이라는 주제에 대해 의과대학이나 병원에서 잘 알지 못했다. 낙태는 특수 상황에서 필요한 것으로 공공연하게 논의되어 왔지만, 의사라면 누구나 인정하듯 피임이라는 문제는 대두되지 않았다. 이 주제는 실험실과 연구부서의 전문적인 관심에서 벗어나 있었다. 따라서 권위 있는 실험 단체의 전문적인 승인을 받지 못했다. 그 결과 일반 의사들은 피임 방법이 아직 확실하게 확립되어 있지 않다고 생각해 피임 방법을 지시하지 않았다.

전문의들은 자신의 전공 분야의 일로 너무 바쁘고 일반의들은 일상의 진료에 몰두하느라, 피임 문제에 대해 주의를 기울이지 않았다. 피임을 전문으로 하는 명망 있는 내과 의사들이 전문 간호사의 도움을 받아 운영하는 상담실, 다시 말해 전문성을 갖춘 클리닉으로 시급한 수요를 충족시켜야 한다. 이 클리닉들은 여성들을 개별적으로 대해야 하며, 개인의 특정 질병, 기질, 정신력 그리고 신체적·경제적 환경을 고려해야 한다. 클리닉 본연의 기능은 임신을 방지하는 것에 있다. 이 목적을 달성하려면 더욱더 높은 수준의 위생 환경이 선행되어야 한다. 그래야 의사는 부담 없이 이러한 클리닉에 환자를 보낼 수 있고, 여성의 전반적인 건강 상태도 개선되어 여러 방면에서 가족들에게 도움이 될 것이다.

이 모든 것은 질병에 걸린 여성에게 해당된다. 하지만 피임 클리닉에서 이루어지는 건강한 여성을 대상으로 하는 예방 의학 조치 역시 아무리 강조해도 지나치지 않다. 결혼할 때 건강하고 활기찬 여성이 일정한 간격을 두면서 아이를 낳고 자녀 수를 제한하는 방법을 조언받는다면, 결혼 당시의 건강한 상태를 유지할 수 있다. 하지만 이와 같은 정보 없이 여성은 맹목적으로 결혼 생활에 뛰어든다면, 몇 년이 지나 대가족과 속의 자신을 발견하게 될 것이다. 질병에 걸려 피폐하고 병약한 아이들을 사육하는 환자이자 무지한 자신을!

여성이 유지해 온 이 한심한 무지의 결과는 무엇일까? 첫째로 엄청난 유아 사망률이다. 빈곤과 방치 속에서 늘어가는 질병으로 인해 매년 수천 명의 아기들이 죽어간다. 다음으로 정신박약자, 다양한 범죄와 아동 노동 공장에서 급속히 증가

하는 불쌍한 희생자들이다. 또 다른 결과는 친숙한 공동주택의 과밀화, 거리로 내몰리는 아이들, 반복되는 매춘, 알코올중독, 그리고 전체적으로 허약한 육체와 타락한 도덕성이다.

혐오스러운 환경은 개인, 가족, 그리고 인류의 건강을 돌보는 일을 담당하는 사람들의 잘못 때문이다. 의료계는 예방의학과 관련된 원칙을 등한시함으로써 이러한 환경이 생겨나도록 했다. 피할 수 없다면 참고 견뎌야 하지만, 정확하고 상세한 피임 정보를 이용 가능한 다른 나라들을 보면 피할 수 없는 것도 아니다.

예를 들어 1881년 이후 네덜란드는 병원과 안내책자를 통해 국민이 피임과 관련된 정보를 이용할 수 있도록 했는데, 전체적인 사망률과 유아 사망률이 지속적으로 하락하여 유럽에서 가장 낮은 수준으로 떨어졌다. 암스테르담과 헤이그는 세계에서 유아 사망률이 가장 낮은 도시가 되었다.

1878년 암스테르담에서 열린 국제의료학술대회에서 이 주제에 대해 철저하고 열정적인 논의가 있고 난 뒤 네덜란드에 첫 산아제한 클리닉이 탄생했다. 그리고 네덜란드의 신맬서스주의 연맹은 1881년에 창설되었다. 세계 최초의 산아제한 클리닉은 1885년 알레타 제이콥스[3] 박사가 암스테르담에서 문을 열었다. 그 결과 국민의 부와 체력, 키와 수명이 놀랄 만큼 향상되었으며, 인구도 점진적인 증가 추세를 보였다.

이 클리닉을 흰색 에나멜페인트로 칠갑된 미국의 진료실과 혼동해서는 안 된다. 이곳은 필요한 장비를 갖춘 평범한 사무실이거나 간호사들이 머무르는 공간이다. 이 일에 평생을 바친 신맬서스주의 연맹의 사무총장인 러트거스[4] 박사의 지시 하에 특수 교육을 받은 간호사들의 상담과 진찰을 받을 수 있는 장소이기도 하다. 이곳에 근무하는 간호사 수는 50명이 넘는데, 이들은 교육 과정을 수료한 간호사들로서, 직접 공동체를 만들고 클리닉이라는 상담 공간을 마련했다.

이 클리닉의 전체적인 성과는 『1912년 영국, 웨일스 등지의 결혼, 출생자 및 사망자 연차 요약*Annual Summary of Marriages, Births and Deaths in England, Wales, Etc., for 1912*』에 포함된 표에서 평가할 수 있다.

암스테르담의 출생률은 1881~1885년 인구 1,000명당 37.1명에서 1906년 27.7명, 1912년 23.3명으로 하락했다. 같은 기간 사망률은 1881~1885년 1,000명당 25.1명에서 1906년 13.1명, 1912년에는 11.2명으로 감소했다. 유아 사망률은 1,000명당 203명에서 1906년에 90명으로, 1912년에는 64명으로 줄었다. 비합법적인 출산율도 비슷했다. 표에서 보듯이 다른 도시의

3   알레타 제이콥스*Aletta Jacobs* ; 1854-1929
4   J. 러트거스*Johannes Rutgers* ; 1850-1924

〈네델란드의 출생률과 사망률, 유아 사망률〉

암스테르담   (인구 1,000명당)

	1881~1885년	1906~1910년	1912년
출생률	37.1명	27.7명	23.3명
사망률	25.1명	13.1명	11.2명
유아 사망률 (출생 1년 이내)	203명	90명	64명

1881년 신맬서스주의(산아제한) 연맹 시작
1885년 알레타 제이콥스가 가난한 여성들에게 조언

헤이그   (인구 1,000명당)

	1881~1885년	1906~1910년	1912년
출생률	38.7명	27.5명	23.6명
사망률	23.3명	13.2명	10.9명
유아 사망률 (출생 1년 이내)	214명	99명	66명

1920년 출판 당시 신맬서스주의(산아제한) 연맹 본부

로테르담   (인구 1,000명당)

	1881~1885년	1906~1910년	1912년
출생률	37.4명	32.0명	29.0명
사망률	24.2명	13.4명	11.3명
유아 사망률 (출생 1년 이내)	209명	105명	79명

〈네델란드의 합법적 출산율과 비합법적 출산율〉

암스테르담 (15~45세 인구 1,000명당)

	1880~1882년	1890~1892년	1900~1902년
합법적 출산율 (기혼 여성)	306.4명	296.5명	252.7명
비합법적 출산율 (미혼 여성)	16.1명	16.3명	11.3명

헤이그 (15~45세 인구 1,000명당)

	1880~1882년	1890~1892년	1900~1902년
합법적 출산율 (기혼 여성)	346.5명	303.9명	255.0명
비합법적 출산율 (미혼 여성)	13.4명	13.6명	7.7명

로테르담 (15~45세 인구 1,000명당)

	1880~1882년	1890~1892년	1900~1902년
합법적 출산율 (기혼 여성)	331.4명	312.0명	299.0명
비합법적 출산율 (미혼 여성)	17.4명	16.5명	13.1명

결과치도 정확히 유사하다.

산아제한을 당연하게 받아들이고 피임 관련 정보가 대중에게 제공되는 호주에서는 1915년에 출산이 매우 고르게 분포되어서, 출생률이 27.3명이고 유아 사망률은 10.7명에 불과했다. 대표적인 산아제한 국가 중 하나인 뉴질랜드도 같은 해 출생률이 25.3명, 유아 사망률은 9.1명이었다. 이 수치들은 1916년 미국의 출산 보고서의 출생률 24.8명, 유아 사망률 14.7명과 뚜렷한 대조를 이룬다. 1913년의 독일과 유사하다고 볼 수 있는데, 독일은 출생률이 27.5명, 유아 사망률은 15명이었다. 이들 국가에서는 산아제한 정보가 일반 대중이 접근할 수 있는 범위가 아니었다. 결과적으로 출생률이 가장 높다는 것은 유아 사망률에서 알 수 있듯이 아이들이 온전히 성인으로 성장할 확률이 줄어들 수 있다는 것을 의미한다.

언뜻 보기에는 거창하게 들릴 수 있겠지만 결론에 대해 신중하게 말하려고 한다. 현재의 의료계, 사회복지사, 여러 자선단체, 그리고 신체적으로나 정신적으로 약한 사람들을 위해 국가 기관들에서 행해지고 있는 인류적 진보를 향한 노력은 실제로는 소용없는 짓이다. 강조해서 말하면 이 모든 노력은 제자리걸음을 하고 있을 뿐이다. 점점 증가하는 부적격자의 물결은 이 기관들이 사회를 위해 하는 모든 일을 전멸시킨다는 사실을 의료계가 인식할 때까지 이 현상은 계속될 것이다. 파괴적인 환경의 근원을 찾아 근본적인 치료법으로 해결할 때까지 계속해서 제자리를 빙빙 돌기만 할 것이다. 바로 그 치료법이 산아제한이다.

17 장

우리는 전진한다

수 세기 동안 이어져 온 침묵이 깨졌다. 여성의 과오와 권리는 제 목소리를 찾았다. 이것은 그동안 여성을 대변했던 것과 전혀 다른 목소리다. 위대한 페미니즘 정신의 개인적인 항의도 아니고, 그들이 행한 억압에 소수 남성들의 양심에서 우러나온 남성 위주의 해결책도 아니다. 여성과 남성들의 거창한 목소리가 들리지만, 이 목소리에 수백만 명의 자유를 요구하는 목소리가 섞여 있다.

재차 말하지만, 과거에 해방된 여성들이 시작한 운동은 다소 현혹적인 성향이 있었다. 참정권에 대한 요구, 아동 노동 반대 운동, 여성의 노동 시간 규제, 어머니 연금에 대한 주장은 모두 일시적인 대책들이다. 그러나 여성의 이해력이 향상되고 남성들의 지시가 아닌 여성 내면의 절박함에서 사고하는 방법을 알게 되면서, 여성은 이러한 일시적인 처방에서 근본적인 치료법으로 나아갔다. 그래서 여성의 저항이라는 파도의 절정기에서 자발적인 모성애를 위한 운동이 생겨났다. 이 운동은 따로 떨어져 있거나 고립된 움직임이 아니라, 우주적인 힘의 발현이자 저항의 물결 그 자체였다.

새롭게 등장한 여자들의 외침에 수도원의 높은 벽이 무너졌다. 호색적인 청교도주의의 장벽도 허물어지고 있다. 자유로운 여성은 자신의 힘과 순결함을 겉으로 드러내기 위해, 은밀한 삶에서 음란함이라는 베일을 벗어던지고 밖으로 나왔다. 그러자 세상은 여태까지 속박받고 있던 여성의 본성에 주목하기 시작했다. 낡은 질서에 사로잡힌 남자와 여자 들에게 사고와 견해를 지배받았던 대중이 깨어났다.

산아제한을 향한 조롱 섞인 농담은 여성의 욕구에 대한 존중과 이해로 바뀌었다. 오늘날 여성이 육체를 스스로 통제할 권리에 대해 부정하는 사람들은 무지를 극복하기 어려운 자들이거나 진보의 빛을 반대하는 눈멀고 어리석은 자들이다. 이제 여성이 생식의 수동적인 도구로 남아 있다고 공개적으로 주장할 사람은 거의 없다. 산아제한이라는 주제는 청교도주의에 의해 내던져진 수렁에서 나와, 과학과 이 세대의 이상 사이에서 제 위치를 찾아가고 있다. 이러한 노력으로 인해 다른 모든 사회 문제들도 조명받고 있다. 사회는 "네가 나를 사슬로 묶는 것을 중단하면, 나는 자유로운 모성으로 세상을 재창조할 것이다"라는 현대 여성의 약속을 귀담아듣기 시작했다.

과거의 관행에 대담하게 맞서거나 새로운 질서를 바로잡기 위해서는 엄청난 노고와 헌신, 그리고 참을 수 없을 만큼의 고통이 따른다. 그러나 비전이 명확하고 믿음이 강하다면, 보이지 않은 힘들이 생겨서 극복할 수 없을 것 같은 장벽도 넘을 수 있을 것이다. 여성 해방의 물결 역시 이와 같은 비전과 신념이 있다면, 올바른 길을 열 수 있을 것이다.

이것은 개척할 필요가 없는 하나의 운동이다. 구원을 갈망하는 외침 소리는 더욱 높아져 간다. 이 자체가 개척이다. 고통스러운 현실은 항상 우리를 마주하고 있었다. 여자들 사이에서 일해본 사람은 여자들의 고통에 대해 모를 리가 없다. 나는 어릴 적부터 대가족이라는 개념은 마음속 빈곤과 연관된 것으로 생각해 왔다. 여자로 성장하면서, 병원에서 그리고 부자와 빈자의 가정에서 일하면서, 대가족과 빈곤 사이의 연관성을 더 명확하게 깨달았다.

가난한 가정의 여성들은 나에게 같은 질문을 던졌다. 나는 1900년부터 많은 여성에게 걱정스럽게 "저는 어떻게 해야 할까요?"라는 질문을 계속 받았고, 이 질문에 어떻게 대답해야 하는지를 동료 간호사들에게 물어봤다. 이것은 여성의 근본적인 욕구의 목소리였다. 그리고 우리가 신경을 쓰든 그렇지 않든, 이 목소리는 항상 그 자리에 있었다. 이 외침 속에서 산아제한 운동이 생겨났다.

당시의 경제 상황 역시 기본적인 요구를 더욱 분명히 해주었다. 때때로 이 상황은 자유를 향한 여성의 외침에 절박함을 더해주었다. 놀턴[1]과 로버트 데일 오언[2] 이후 일부 남성과 여성이 피임 방법 사용을 지지하기 시작했지만, 이들을 제외하고 산아제한을 성적 자유의 다른 문제들과 분리하기 위해 나서는 사람은 아무도 없었다. 그러나 산아제한 운동은 여성의 기본적인 자유를 위한 운동으로서 "더 많은 아이들을 낳지 않기 위해 내가 무엇을 할 수 있을까?"라는 사회적으로 핍박받고 정신적으로 억압된 여성의 끊임없는 의문에서 비롯되었다.

산아제한에 대해 새롭게 대중의 관심을 불러일으키고 운동을 조직화할 시점이 되자, 잠자는 대중을 일깨우기 위해 직접적이고 과감한 방법을 사용하는 것이 가장 적절하다고 여겨졌다. 월간 잡지《여성 반란*The Woman Rebel*》은 저항의 복음을 선포

---

1 찰스 놀턴Charles Knowlton ; 1800-1850
2 로버트 데일 오언Robert Dale Owen ; 1801-1877

하기 위해 창간되었다. 이 잡지의 사명이 완수되어 '산아제한'이라는 말이 모든 문명화된 표현 중에서 여성 자유의 상징이 될 때, 이 잡지는 더 이상 필요치 않게 될 것이다.

글과 사진으로 구성된 포르노물의 유포는 제지하지 않고 주로 여성의 성을 억압하고 과학적인 지식을 통제하는 데 앞장섰던 기만적인 '외설법'에 문제가 제기되었다. 여기에는 두 가지 목적이 있었다. 법의 합헌성에 이의를 제기하는 것, 그럼으로써 수십만 명의 여성들에게 피임 방법에 대한 지식을 전달하는 것이다.

처음으로 전체 규모의 조직적인 노력이 미국 각지에서 다양한 방식으로 펼쳐졌다. 특히 웨스트버지니아주와 몬태나주의 광산 지구, 뉴잉글랜드의 공장 도시, 남부 지방의 면화 지구에 관심이 집중되었다. 이들 지역에서는 남성과 여성 모두에게 환영받았다. 이들은 지속적인 지지와 적극적인 지원을 약속하는 편지를 보냈다. 그리고 이 나라를 일깨우기 위한 시위에 직간접적으로 참여했다.

시간이 지나면서 이 운동에는 이국적인 요소까지 가미되면서 확대되었는데, 미국 내 외국계 노동자들의 열정적인 협력으로 가능했다.

법 개정을 지지하는 사람들을 조직하기 위해 연맹이 결성되었다. 그리고 미국 전역에서 강연회가 열렸다. 저명한 의사, 과학자, 개혁가, 혁명가 들이 글을 기고했다. 토론회도 마련되었다. 다양한 계층과 다양한 언어의 각종 신문과 잡지가 산아제한 문제를 심각하게 다루면서, 여러 분야에서 열띤 토론이 전개되었다. 이 주제에 대해 새로운 책들도 저술되었다. 외국 작가들의 책도 미국에서 다시 출간되고 배포되었다. 또한 자발적으로 편집하고 여성 주식회사의 배당 없는 기부를 지원받는 잡지사인 《산아제한 리뷰*Birth Control Review*》가 설립되어 운영되고 있다.

나는 미국에서 14년 동안 간호사 생활을 한 후, 더 다양한 지식을 얻기 위해 외국에서 공부했다. 그리고 1년 뒤, 미국으로 돌아와 클리닉을 열기로 마음먹었다. 피임을 가장 필요로 하는 사람들에게 피임 방법에 대한 지식을 직접적으로 전달하는 것이 대중에게 산아제한에 대한 필요성을 설명하고 이를 흔쾌히 받아들이게 하는 가장 좋은 방법이라고 생각했기 때문이다.

브루클린에 처음으로 클리닉을 개설했다. 그러자 경찰은 상담실을 폐쇄하고 나를 포함해서 에델 번[3], 공인 간호사, 파니

---

3 에델 번Ethel Byrne ; 1883-1955

아 민델[4], 통역사까지 연행했다. 그 전까지 480명의 여성이 정보를 받았다. 이 클리닉의 목적은 대중에게 이와 같은 기관의 실용성과 필요성을 입증하는 것이었다. 정보를 구하기 위해 방문한 여성들은 전부 노동자의 아내였고, 자식이 있었다. 결혼하지 않은 처녀는 한 명도 없었다. 아내가 아이들을 돌보느라 오지 못한 경우 남편들이 왔다. 롱아일랜드보다 더 먼 지역, 매사추세츠와 코네티컷의 도시, 그리고 훨씬 더 먼 곳에서도 찾아왔다. 결혼한 딸을 데리고 온 어머니들도 있었다. 나이가 25~35세밖에 안 되는데 50대로 보일 만큼 훨씬 늙어 보이는 여성들도 있었다. 클리닉은 그들에게 다가오는 미래를 마주할 새로운 희망을 주었다. 이 여성들은 아이들에 대한 변함없는 사랑을 표현했지만, 한결같이 어떻게 하면 먼저 낳은 아이들을 제대로 보살필 수 있는지와 아이를 더 낳지 않을 수 있는지를 알려달라고 호소했다. 어머니들은 아이들이 '잘 자라기'를 간절히 원했다.

　　클리닉의 상담실 2개가 열흘 동안 쉴 새 없이 사람들로 가득 차자, 경찰이 들이닥쳤다. 우리는 구치소로 잡혀갔고 결국 '범죄' 행위로 유죄 판결을 받았다. 에델 번은 11일 동안 단

4　파니아 민델Fania Mindell ; 1894-1969

식 투쟁을 벌였고, 이것은 전국적인 관심을 불러일으켰다. 이로써 여성들이 자발적인 모성이라는 원칙을 위해 죽을 각오가 되어 있다는 사실을 대중에게 알릴 수 있었다. 국민 정서가 격해지자 휘트먼 주지사는 번 여사를 사면했다.

산아제한 운동의 역사에서 자기희생을 하는 유일한 행위였지만, 대중의 양심을 일깨우고 여성들의 용기를 북돋기에 충분했다. 특히 에델 번의 행동은 미국의 모성을 해방시켜 줄 지식을 전파하려는 여성들을 감금한 당국에 대한 분노였고, 이는 산아제한 운동의 분기점이 되었다.

에델 번뿐만 아니라 체포되고 투옥 생활을 하거나 연설하고 유인물을 배포하기 위해 매일 밤거리에서 군중을 만난 여성들의 용기, 즉 아직도 잘 알려지지 않은 이들의 믿음과 끊임없는 노력은 산아제한 운동에 불굴의 의지를 불어넣었고 최후의 승리를 보장하기에 충분했다.

브라운스빌 클리닉을 개원하기 훨씬 전부터 이어져 온 안타까운 사실이 있다. 의료계 전체가 강제된 모성으로부터 구제받고자 하는 여성의 비극적인 외침을 외면한 것이다. 사립 병원 의사들은 하나같이 고개를 가로저으며 "함께할 수 없다. 법에 위배된다"라고 답변했고, 의원이나 공립 병원에서도 같은 대답을 했다.

이 판결을 따르겠다는 것을 일반인들에게 알리려고 하는 의사는 거의 없었지만, 뉴욕주 항소법원의 판결은 이의제기를 받아들였다. 내 경우에 하급법원의 판결은 내가 의사가 아닌 간호사였기 때문에 부분적으로 그대로 유지되었다. 그러나 법원은 현재 뉴욕에서 유효한 법률에 따라 모든 의사는 병을 치료하거나 예방하기 위한 조치로 여성에게 피임과 관련된 정보를 전달할 권리가 있다고 판결했다. 미국 대법원은 이 사건의 중요성을 고려하지 않고 나의 항소를 기각했다. 그러므로 뉴욕주 항소법원의 결정은 유효하다. 그리고 이 결정에 따라, 의사는 권리가 있으며, 적어도 질병과 관련된 사례로 피임을 처방하는 것이 의사의 의무다.

뉴욕주 형법 1142조는 의료인도 예외 없이, 환자가 결핵, 매독, 신장 질환 또는 심장병을 앓고 있어도 환자에게 산아제한 방식을 지시는 것을 허용하지 않는다. 더 멀리 내다보지 않고 의사들은 이 항목을 그대로 두었다. 의사들은 그 목적과 법적 범주 둘 중 어떤 것에도 의문을 제기하지 않았다. 의학계는 그 권리에 명백한 한계를 그대로 두는 것에 만족했고, 같은 형법 1145조에 따라 의사에게 방금 기술된 필수적인 권리가 있다는 사실을 입증하려는 여성은 여전히 감옥으로 가야 한다.

많은 의사들이 이 문제에 대한 법적 권리에 대해 아직 모르고 있다고 할 수 있다. 그러나 뉴욕주 항소법원이 1918년 1월 8일 주법에 대해 확실하게 지금까지 제시한 견해는 다음과 같다.

다음으로, 형법 제1145조에 따라, 의사는 법률 내에 언급된 환경에 따라 이 법의 조항에서 제외된다. 그 내용은 이와 같다.

'의사가 질병의 치료나 예방을 위해 합법적으로 실행하거나, 의사의 지시나 처방에 따라 사용되거나 적용되는 물품이나 기구는 외설적이거나 부도덕한 성질이나 용도의 물건이 아니다. 그러한 의사들에게 또는 그들의 지시나 처방에 의해 그러한 물품을 공급하는 것은 이 조항에 따라 위법 행위가 아니다.'

의사들을 위한 이와 같은 예외는 의사가 해당 문제에 대한 광고 행위나 환자의 상태와 관계없이 난잡한 조언을 하는 것은 허용하지 않으나, 병을 고쳐주거나 예방하기 위해 결혼한 사람에게 도움을 주거나 조언을 하는 의사를 보호할 수 있을 정도로 충분히 폭이 넓다. 웹스터 국제사전에서 '질병Disease'은 '몸의 상태, 또는 일부 장기의 상태에 변화가 생기거나 중요한 기능의 수행을 방해하거나 중단시키고, 질환이나 장애와 같은 고통과 아픔의 원인이거나 위협이 되는 것'으로 정의하고 있다.

따라서 의사에게 제공되는 보호는 의사의 처방이나 명령에 따라 약사나 판매처에도 확대될 것이다.

1142조는 파렴치하게도 피임 정보를 낙태와 함께 음란한 것으로 분류하고 있으며 아직도 유지되고 있지만, 항소법원의 결정에 따라 의사들에게는 겉보기에 거부당한 것처럼 보이는 권리가 존재한다. 아마도 다른 많은 주에서, 소위 '외설' 법규들이 같은 방식으로 고안되었을 것이다.

브라운스빌 클리닉의 주된 성과 중 하나는 의사들이 더 많이 실행하기 위해 스스로 확립해야 했지만 등한시했던 권리를 의사들에게 일깨워 주었다는 점이다. 미국의 다른 주에서도 여성들이 이와 같은 시도를 한다면 분명히 이 권리를 확립할 수 있을 것이다.

알다시피, 산아제한의 당위성을 전파하기 위해 편견과 법에 과감히 대항한 35명의 여성과 남성이 체포되었다. 이 운동을 위해 지속해서 노력한 사람들이 벌금형과 징역형을 받을 위험에 처해 있었기 때문에 당국이 곤혹스러워했던 것으로 보인다. 당국은 사람들을 데려가서 해산시킨 다음, 벌금을 부과하거나 수감했다. 그러나 시위는 계속되었고, 이와 같은 자기희생을 통해 이 운동에 대한 소문은 점점 더 많은 사람들에게 전파되었다.

이들의 체포는 더 많은 언론의 관심을 불러왔다. 오히려 지역 선동의 중심 역할을 했다. 적어도 미국의 여성들과 야만적인 법 사이의 문제를 부각시켰다. 수천 통의 편지에 대한 답변이 있었고 수천 명 여성들의 개인 상담이 줄을 이었다. 이 편지들과 상담은 자발적인 모성의 복음을 전파하는 데 또 다른 구심점 역할을 했다.

전면에 드러난 산아제한의 문제와 자발적인 모성애 권리의 문제는 의대생, 간호사, 조산사, 의사, 과학자, 사회학자 들의 관심을 점점 더 많이 끌었다. 피임 방법에 대한 논의부터 산아제한의 사회적, 정치적, 윤리적, 도덕적, 정신적 가능성 등전 영역 걸쳐 다양한 문헌이 등장하고 있다. 여성의 자유를 향한 외침이 사회의 이상주의뿐만 아니라 지적 지도자들의 사고와 양심, 열망에도 스며들고 있다.

『여성 반란*Woman Rebel*』에 대해 "미국에서 최초로 머리의 베일을 벗다"라는 말이 나온 지 불과 몇 년 만의 일이었다. 여자는 물론 남자도 공개 토론에서 마음을 조아리며 성이라는 주제에 대해 논의한 것이 불과 몇 년밖에 되지 않았다.

진행 과정을 보면 과거와 완전히 딴판이다. 대중들은 신문의 1면에서 산아제한에 관한 기사를 읽는다. 그리고 회의나 모임에서 산아제한에 대해 논한다. 산아제한은 티타임 때 자주 등장하는 토론 주제가 되었다. 과학자들은 산아제한에 경건하고 심오하게 주의를 기울이고 있다. 목사들조차도 시대에

뒤떨어지지 않으려고 연단에서 이 주제에 대해 말한다. 그리고 어느 곳에서나 진지한 마음을 가진 여성과 남성, 그리고 미래에 대한 비전이 있는 사람들은 사회에서 현재와 미래의 필요성을 이해하며, 그 거대한 재생산에 대해 아직 제대로 인지하지 못한 사람들에게 이 메시지를 전달하기 위해 노력하고 있다.

한마디로 미국의 대중 속으로 피임이라는 메시지가 스며들고 있다. 이 메시지에 대한 대중의 반응은 상당히 고무적이다. 수많은 사람들이 모임을 하기 시작했다. 오직 '법과 질서'라는 미명하에 구시대적 편견을 섬기는 일에 반기를 들었다.

청교도주의는 고통스럽게 마지막 숨을 내쉬고 있는 것이 분명하다. 만약 의심이 생긴다면, 몇 년 전에 청교도주의의 공식적인 견해를 형성한 바로 그 사람들이 이제 청교도주의를 버리고 성 문제와 성병에 대해 말하는 수백만 장의 유인물이 온 나라에 넘쳐나게 했다는 것을 기억하자. 미국 정부, 주 정부, YMCA(기독교청년회), YWCA(기독교여자청년회), 그리고 관련 단체들에 의해 유인물이 배포되고 있다. 이 유인물은 산아제한 책자보다 성 생리학을 훨씬 더 명확하게 다뤘다. 이러한 공식적인 교육적 공세는 곧 여성과 남성 모두 자신의 신체에 대해 알 권리를 향한 아름다운 경의의 표시이자, 성이라는 영역에서 무지와 싸우는 중요한 전투에서의 최종적인 대량 발포였다. 이제 승리를 어떻게 활용하느냐의 문제만 남았다.

이것은 무엇을 의미하는 걸까? 미국의 여성이 무너지는 미국의 도덕적, 종교적 체제의 파편을 헤치고 자유를 향해 나아가고 있다는 것을 의미한다. 자유로의 길이 여성들 앞에 환하게 펼쳐져 있다. 이제 여성들은 좀 더 용기 있게, 더 자신 있게, 그리고 당당하게 목표를 세우고 그 목표를 향해 굳건히 나아가야 할 것이다.

18 장

목표

여성이 지향하는 궁극적인 목표는 무엇인가? 자발적인 모성인가? 일반적인 자유인가? 아니면 새로운 인류의 탄생인가? 자유만으로 충분하다. 더 고매한 결실이 풍성하게 열리기 때문이다. 그중에서도 여성 자유의 가장 신성한 측면인 자발적인 모성이 가장 위대하다. 자유로운 모성은 구속받지 않으며, 세상을 새롭게 재창조하려는 여성의 요구를 따를 준비가 되어 있다.

자발적인 모성은 새로운 도덕, 즉 왕성하고 건설적이며 자유로운 도덕성을 함축한다. 이 도덕성은 무엇보다 여성의 본성이 모성애에 파묻히는 것을 막는다. 그리고 여성이 기계적인 출산에서 벗어나 새로운 인류를 창조하기를 원한다.

지금까지 여성의 역할은 인큐베이터에 불과했다. 아이를

품고 있다가 세상에 내놓을 뿐이었다. 아이들에게 줄 수 있는 것이 거의 없었고, 자신에게는 아무것도 주지 못했다. 대체로 여성에게 주어진 선택은 질이 아닌 양이었다. 남성이 지배하는 문명에서 많은 수의 아이를 요구했기 때문이다. 그리고 여성은 그 요구를 충족시켰다.

스스로 짝을 선택하고, 아이를 갖는 시기를 결정하고, 아이의 수를 엄격히 규제하는 것이 자발적인 모성의 필수 기능이다. 사회적·경제적 이익 때문에 선택을 강요받지 않고, 여성으로부터 자발적인 애정이 흘러나올 때 더 나은 부성도 제공될 것이다. 얼마나 많은 아이를 낳을지, 언제 낳을지를 결정할 권리가 있으면, 여성에게 생식 능력이 아닌 다른 능력을 개발하는 데 필요한 시간도 생길 것이다. 여성은 자신의 취향, 재능, 포부에 따라 행동하게 될 것이다. 그래야 온전한 인간체가 될 수 있다. 이리하여 여성은 비로소 더 위대한 인류를 만드는 자질을 자손에게 물려줄 수 있게 될 것이다.

어머니들이 이러한 자질을 개발하는 것은 매우 중요하며, 이는 생물학에서 잘 확립된 특정 원리들에 비추어 보면 확실히 알 수 있다. 인간보다 열등한 하급 동물 종에서 모성은 부성과 비교할 때 뚜렷하게 우월하다. 모성은 생물의 첫 번째 파동이다. 그리고 부성은 풍요롭게 하는 요소다. 모세포와 비교했을 때, 부성의 발전은 비교적 최근에 일어났다. 따라서 자손에 미치는 영향도 비교적 적다. 영향력 있는 권위자들은 암컷을 통해서만 진화적 진보를 이루는 형태와 수용력 및 능력의 개선이 있다고 주장한다. 먹이를 추격할 때의 영리함, 적에게서 도망치는 기민함, 먹이를 구하는 기술, 적응력 등을 처음으로 키워준 존재가 어머니들이다. 또한 한결같고 신중한 리더십, 환경에 대한 적응 능력, 공격 시 대담함을 심어준 이도 어머니였다. 동물의 세계를 전체적으로 조사했을 때, 이런 점들이 여성적인 특징으로 두드러지게 나타난다. 또한 종의 진보를 예측할 수 있는 특징으로도 사용된다.

이것이 하위 동물에게는 해당되는데, 왜 인간에게는 해당되지 않을까? 그 비밀은 한 가지 중요한 사실에 의해 밝혀지는데, 이 동물 종들에서 암컷의 기능은 모성에만 국한되지 않는다. 암컷은 모든 기관과 기능을 충분히 사용함으로써 완벽해진다. 개별적인 어미의 발전을 통해 더 우수하고 뛰어난 종류의 새끼를 낳고 발전시킨다. 한마디로 자연의 법칙이 암컷을 종족 효율성의 표출자이자 전달자로 만든다.

자연법칙을 위반한다고 번번이 비난받는 피임 자체는 부적합한 아이를 걸러내고 기형아나 향후 결함 가능성이 있는 아이의 출산을 방지하는 과정을 촉진하는 것에 지나지 않는다. 그러므로 자연의 운영 계획에 따라, 먼저 여성의 발전을 허용해야 효율적인 모성을 기대할 수 있다. 만약 우리가 종족의 발전을 이루려면, 여성 본능의 발전이 선행되어야 한다. 그렇게 될 때 비로소 여성은 더 이상 인큐베이터가 아닌 진정한 어머니가 될 수 있다. 그리고 아들과 딸 들에게 강인한 개인과 전체적으로 강한 종족을 만드는 자질을 전해줄 수 있다.

또한 자발적인 모성애는 출산과 관계없이 결혼할 권리도 함축되어 있다. 둘의 관계는 다른 두 가지 기능에 영향을 준다. 여성은 배우자와의 관계에서 완전히 자유로워질 뿐만 아니라, 누구도 자신의 의지를 거슬러 엄마가 될 필요가 없어진다. 물론 더 자주 강조되는 다른 이유들도 있지만, 방금 언급한 이유를 결코 간과해서는 안 된다. 이는 여성 자신뿐 아니라 인류에게도 중요하다. 아이에게 높은 사랑의 감정을 전달하여, 아이의 존재를 조율하고 완성시키기 때문이다.

결혼은 부모가 되는 것과는 완전히 별개로, 두 사람에게 소중한 경험을 선사한다. 적절한 시기에 자녀를 얻으면, 상호 적응과 발전을 통해 더 나은 부모가 될 수 있다. 서로 사랑하는 일상에서 부부에게 생겨나는 몇 가지 문제를 해결하지 않고서는 아이의 삶에 대한 신성한 비밀을 이해하기란 힘들어질 것이다.

일반적으로 배우자의 사랑이 행복하고 만족스러울수록 모성애는 강렬한 열망이 된다. 이때 모성애는 강력하고 창조적인 두 가지 기능을 위해 존재한다. 처음에는 그 자체를 위해, 그다음에는 부부 관계를 더욱더 풍요롭게 하기 위해서다. 새로운 생명은 바로 이와 같은 토양에서 샘솟는다. 그러한 물리적인 환경과 정신적인 분위기에서 출발하는 것이 새로운 생명의 고유한 권리다. 이렇게 태어난 아이는 진정한 사랑과 엄청난 환희의 결정체다. 이 아이에게는 용기와 힘의 씨앗이 있다. 아이는 역경을 이겨내고, 고난을 견뎌내고, 인간적 성취의 목표를 훨씬 더 높은 수준으로 확립할 수 있는 강력한 힘을 갖게 될 것이다.

여기서 잠시 멈추고, 완전히 자유로워질 수 있는 여성 본연의 권리에 대해 다시 생각해 보자. 우리는 책에서 이 권리에 대해 많은 이야기를 했고, 결론적으로 자유롭고 행복한 모성으로 바뀌어야 한다는 것을 알게 되었다. 진정한 모성은 여성 본성을 수면 아래에 두지 않고 그 위로 드러낼 때 더 풍요로워질 수 있다. 페미니즘 정신을 완전히 그리고 절대 자유로운 것으로 규정해야 한다고 말할 때, 우리는 자연스럽게 여성이자 진정한 어머니의 권리를 넘어 아이들 그것도 세상 모든 아이의 권리까지 생각하게 된다. 이것이 자유로운 여성성의 기적이며, 여성은 자유로움 속에서 인류의 어머니가 되어 인간에 대한 풍요로운 애정으로 마음을 한껏 열 수 있다.

모성은 속박된 채 얼마나 편협하고 보잘것없이 되었는 가! 현대의 모성은 자신의 혈육 중 아이 한두 명만을 애지중지 감싸고 보호하며 사랑을 베푼다. 모든 아이들에게 손을 내밀지 않는다. 모성이 야비하고 맹목적인 요구가 아닌 고매한 특권일 때, 모든 것을 감싸 안을 것이다. 그 깊고 열정적인 강렬함은 혈연관계의 한계를 넘을 것이다. 그 아름다움은 모든 이들에게 빛을 발할 것이다. 이 아름다움은 영혼에서 비롯된 것이며, 영혼의 포용력은 무한하기 때문이다.

모성이 무지나 우연이 아닌 깊은 열망의 결실이 될 때, 자식들은 새로운 종족의 토대가 될 것이다. 낙태라는 자궁 속 아기 살해는 없을 것이고 가정을 세우는 데도 소홀함이 없을 것이며, 유아 살해 역시 없을 것이다. 그리고 제분소나 공장에서 서서히 죽어가는 아이들도 없을 것이다. 감히 어떤 누구도 노동의 수레바퀴로 아이의 생명을 꺾지 못할 것이다.

자발적인 모성은 수동적이거나, 체념하거나 나약하지 않을 것이다. 모성의 열망에서 비롯한 아이들을 향한 사랑은 아직 깨닫지 못한 자들을 깜짝 놀라게 할 것이다. 자식을 보호하는 데 있어 인간 어머니는 암컷 호랑이보다 더 지독하다. 이 어머니의 딸들은 권리를 침해당하지도, 매춘에 버려지지도 않을 것이다. 아들들도 산업 현장이나 전쟁터에서 비명횡사하지 않을 것이다. 또한 만약 담대한 모성이 아이들을 보호했다면, 아이들은 흔하디흔한 비극의 희생양이 되지 않았을 것이다. 사회의 관점에서도 어린 시절과 젊음은 무척 소중해서, 맹목적인 탐욕과 증오라는 가혹한 살인적인 공장에서 이를 허비할 수 없다.

이제 시작이다. 여성성이 속박에서 벗어나고 있다. 그리고 자유로울 권리를 주장하고 있다. 이 자유로움 속에서 여성의 사상은 인류까지 도달할 수 있다. 뿌린 대로 거두기 마련이다. 우리는 온전한 나무에서 제대로 된 과실을 얻는다. 인류는 모체의 확장이나 다름없으며, 어머니의 영혼과 닮아가며 아름다워지고 완벽해질 것이다.

산아제한과 자발적인 모성의 메시지를 억누르려는 보수 세력의 끝없던 노력은 이제 무의미하다. 페미니즘 정신이 그간의 속박을 깨트리는 것을 보수주의자들의 힘으로는 더 이상 막을 수 없다. 마지막 족쇄가 풀릴 때, 여성의 자유를 향한 의지를 억압하면서 생겨난 사악함은 사라질 것이다. 아동 노예, 매춘, 정신박약, 신체적 퇴화, 굶주림, 억압과 전쟁은 지구상에서 사라질 것이다.

여성은 복종하면서 위대한 아들과 딸을 낳을 수 있을 만큼 충분히 용감하지도, 충분히 강하지도, 충분히 순수하지도 못했다. 학대받은 토양은 성장을 저해한다. 학대받은 모성은 저급한 인류를 낳는다. 위대한 존재는 깊은 열망에서 나온다. 두려움 없는 모성은 인류를 향한 사랑과 열정에서 비롯된다. 콩 심은 데 콩 나고 팥 심은 데 팥 나는 격이다. 열망하는 사랑의 바람을 통해 자궁이 결실을 보게 되면, 또 다른 뉴턴이 나와 지구와 별에 대한 비밀을 더 많이 풀어낼 것이다. 이해하기 쉬운 플라톤, 독약을 마시지 않는 소크라테스가 세상에 올 것이며, 십자가에 못 박혀 죽지 않는 예수가 올 것이다. 이들이야말로 미국이 고대하는 종족이며, 이들은 자유롭기 때문에 신성할 수 있는 모성에서 창조될 것이다.

1924년, 열두 명의 여성에게 둘러싸여 있는 마거릿 생어
마거릿 생어는 1916년 1월 《여성 반란The Woman Rebel》이라는 자신의 잡지를 우편으로 배포한
혐의로 연방 법원에 기소되었다. 그녀는 피임을 옹호하는 자료를 우편으로 발송한 혐의로도
기소되었지만 이는 기각되었다.

마거릿 생어의 여성과 새로운 인류

피임할 권리와 여성 해방의 시작 (1920년 초판 완역본)

초판 1쇄 찍은날	2022년 12월 21일
초판 1쇄 펴낸날	2023년 1월 9일
지은이	마거릿 생어
펴낸이	한성봉
편집	최창문·이종석·조연주·오시경·이동현·김선형
콘텐츠제작	안상준
디자인	정명희
마케팅	박신용·오주형·강은혜·박민지·이예지
경영지원	국지연·강지선
펴낸곳	도서출판 동아시아
등록	1998년 3월 5일 제1998-000243호
주소	서울시 중구 퇴계로30길 15-8 [필동1가] 무석빌딩 2층
페이스북	www.facebook.com/dongasiabooks
전자우편	dongasiabook@naver.com
블로그	blog.naver.com/dongasiabook
인스타그램	www.instargram.com/dongasiabook
전화	02) 757-9724, 5
팩스	02) 757-9726
ISBN	978-89-6262-472-4 03330

만든 사람들

책임편집	김선형
크로스교열	안상준
디자인	정명희